DAS GANZE
GEFÜLLTE LEBENSMITTEL
KOCHBUCH

100 GEFÜLLTE BRÖTCHEN, KNÖDEL, SEMMEL UND GEBÄCK

MARTEN WEISS

Alle Rechte vorbehalten.

Haftungsausschluss

Die in diesem eBook enthaltenen Informationen sollen als umfassende Sammlung von Strategien dienen, die der Autor dieses eBooks erforscht hat. Zusammenfassungen, Strategien, Tipps und Tricks sind nur Empfehlungen des Autors, und das Lesen dieses eBooks garantiert nicht, dass die eigenen Ergebnisse genau die Ergebnisse des Autors widerspiegeln. Der Autor des eBooks hat alle zumutbaren Anstrengungen unternommen, um aktuelle und genaue Informationen für die Leser des eBooks bereitzustellen. Der Autor und seine Mitarbeiter haften nicht für unbeabsichtigte Fehler oder Auslassungen, die möglicherweise gefunden werden. Das Material im eBook kann Informationen von Dritten enthalten. Materialien von Drittanbietern enthalten Meinungen, die von ihren Eigentümern geäußert werden. Daher übernimmt der Autor des eBooks keine Verantwortung oder Haftung für Materialien oder Meinungen Dritter.

INHALTSVERZEICHNIS

EINLEITUNG

Füllung oder Füllung ist eine essbare Mischung, die oft aus Kräutern und einer Stärke wie Brot besteht und verwendet wird, um einen Hohlraum bei der Zubereitung eines anderen Lebensmittels zu füllen. Viele Lebensmittel können gefüllt werden, einschließlich Geflügel, Meeresfrüchte und Gemüse. Als Kochtechnik hilft die Füllung, Feuchtigkeit zu speichern, während die Mischung selbst dazu dient, Aromen während ihrer Zubereitung zu verstärken und zu absorbieren.

Die beliebte Art der Füllung ist die Geflügelfüllung, die oft aus Semmelbröseln, Zwiebeln, Sellerie, Gewürzen und Kräutern wie Salbei in Kombination mit den Innereien besteht. Zusätze können auch getrocknete Früchte und Nüsse (wie Aprikosen und Mandelblättchen) und Kastanien enthalten.

Diese kreativen Rezepte beweisen, dass die Kombination verschiedener Zutaten und Texturen ein gewöhnliches Gericht in eine schmackhafte Mahlzeit verwandeln kann. Wenn Sie also das nächste Mal nach einer Möglichkeit suchen, Ihrem Abendessen, Mittagessen oder Ihren Beilagen mehr Geschmack zu verleihen, aber keine Lust haben, sich durch mehrere verschiedene Rezepte zu wühlen, probieren Sie die Kunst des

„Füllens" aus. Ich garantiere Ihnen, dass Sie diese gefüllten All-in-One-Lebensmittel lieben werden!

GEBÄCK

1. Gedämpfte Schweinefleischbrötchen

Zutaten

- Teig

- 700 g Hackfleisch

- 3 Esslöffel Wasser (45 ml)

- 3 Esslöffel Pflanzenöl (45 ml)

- 2 Esslöffel Ingwer (ca. 20 g, gehackt)

- 1 große Zwiebel (ca. 200 g, gehackt)

- 2 Esslöffel Shaoxing-Wein

- 1 Esslöffel dunkle Sojasauce

- 1 Esslöffel süße Bohnensauce

- 2 Esslöffel gemahlene Bohnensauce

- 1 Esslöffel Austernsauce

- 1 Teelöffel Zucker

- 1/2 Teelöffel weißer Pfeffer

- 2 Teelöffel Sesamöl

- 1 1/2 Teelöffel Maisstärke

- 3 Frühlingszwiebeln (fein gehackt)

Richtungen

a) Das Hackfleisch in eine große Rührschüssel geben und mit 3 EL Wasser gut verrühren.

b) Heizen Sie nun den Wok oder eine gusseiserne Pfanne vor, bis er leicht zu rauchen beginnt. Fügen Sie 3 Esslöffel Öl hinzu, zusammen mit dem gehackten Ingwer und der gewürfelten Zwiebel. Bei mittlerer Hitze kochen, bis die Zwiebeln weich werden. Fügen Sie das Hackfleisch hinzu und drehen Sie die Hitze auf, rühren Sie um, um große Stücke zu zerkleinern. Garen, bis das ganze Schweinefleisch blass und undurchsichtig wird – es ist nicht nötig, das Fleisch zu bräunen oder knusprig zu machen.

c) Fügen Sie Wein, dunkle Sojasauce, süße Bohnensauce, gemahlene Bohnensauce, Austernsauce, Zucker, weißen Pfeffer und Sesamöl hinzu. Rühren Sie bei hoher Hitze alles zusammen, bis es gut vermischt ist. Probieren Sie die Füllung und passen Sie die Gewürze bei Bedarf an.

d) Noch ein paar Minuten kochen, um die restliche Flüssigkeit abzukochen. Rühren Sie die Maisstärke-Wasser-Mischung ein und lassen Sie alles 30 Sekunden bis eine Minute lang zusammensprudeln. Schalten Sie die Hitze aus und lassen Sie die Füllung unbedeckt abkühlen. Nachdem die Füllung abgekühlt ist, die gehackten Frühlingszwiebeln untermischen.

e) Nachdem der Teig fertig gegangen ist, stürzen Sie ihn auf eine saubere, mit Mehl bestäubte Oberfläche. 2 Minuten kneten, um Lufteinschlüsse zu entfernen. Den Teig wiegen und in 20 gleich große Stücke teilen.

f) Nehmen Sie jede Teigkugel und rollen Sie sie mit einem Nudelholz vom Rand zur Mitte, ohne die Mitte des Teigs tatsächlich zu rollen. Das Ziel ist es, den Teig zu einem runden Kreis mit einer dünneren Kante und einer dickeren Mitte zu glätten. Der Dickenunterschied sollte etwa 1:2 betragen. Etwas Füllung in die Mitte geben.

g) Legen Sie die Brötchen auf ein kleines Stück Pergamentpapier und legen Sie es direkt auf Ihren Dampfgarer. Wiederholen, bis alle zusammengebaut sind. Lassen Sie die Brötchen vor dem Dämpfen weitere 15 Minuten gehen (zugedeckt).

h) Wenn Sie die Brötchen lieber überhaupt nicht falten möchten, drücken Sie einfach die Teigränder um die Füllung herum und drücken Sie sie zusammen, um sie fest zu verschließen. Dann die Brötchen einfach mit der Naht nach unten wenden, abdecken und 15 Minuten gehen lassen.

i) Beginnen Sie mit den Brötchen im Dampfgarer mit kaltem Wasser und schalten Sie die Hitze auf mittlere Stufe. Stellen Sie den Timer auf 15 Minuten ein.

j) Schalten Sie nach 15 Minuten die Hitze aus und lassen Sie den Deckel auf. Lassen Sie die Brötchen 5 Minuten „ruhen", bevor Sie den Deckel öffnen. Wenn dieser Schritt ausgelassen wird, werden die Brötchen zusammenfallen.

2. Bao-Rinderbrötchen

Zutaten:

- 12 Unzen gekochter Rindfleisch-Schmorbraten

- 1 Tasse gehackter Spinat, Frühlingszwiebeln oder Mangold

- 1/2 Tasse Hoisin-Sauce

- 3 Dosen (je 10 Kekse) gekühlte Buttermilchkekse

Richtungen

a) Schmorbraten hacken oder zerkleinern; in eine große mikrowellengeeignete Schüssel geben. Abdecken, ablüften und in der Mikrowelle erhitzen, bis es durchgewärmt ist, gelegentlich umrühren. Spinat und Hoisinsauce unterrühren. In der Mikrowelle erhitzen, bis die Sauce eingedickt und das Rindfleisch mit der Sauce überzogen ist. Beiseite legen.

b) Schneiden Sie Pergamentpapier, um den Korb des Dampfgarers auszukleiden, und schneiden Sie nach Bedarf ein Loch in die Mitte. Geben Sie Wasser in den Dampfgarer und achten Sie darauf, dass der Wasserstand unter dem Korb liegt. Wasser zum Kochen bringen.

c) In der Zwischenzeit Keksteigstücke auf ein Schneidebrett legen. Jedes Teigstück zu einem 3-Zoll-Quadrat flach drücken und die Ecken verlängern; Ecken mit Daumen auf Karton drücken. Etwa 1 Esslöffel Rindfleischmischung in die Mitte des Teigquadrats geben. Bringen Sie zwei gegenüberliegende Ecken nach oben und über die Füllung und drücken Sie sie zusammen; Bringen Sie die verbleibenden zwei Ecken nach oben und über die Füllung und drücken Sie alle Nähte und Ecken zusammen, um ein quadratisches Brötchen zu bilden.

d) Mit restlichem Teig und Füllung wiederholen. Drehen Sie die Brötchen, bis sie zum Backen bereit sind. Legen Sie die Brötchen portionsweise in den Dampfkorb und halten Sie einen Abstand von mindestens 2 Zoll ein. Abdecken und 7 Minuten dämpfen oder bis der Teig eine Temperatur von 190 ° F und die Füllung eine Temperatur von 165 ° F erreicht hat.

e) Entfernen Sie die Brötchen vorsichtig mit einer langstieligen Zange aus dem Korb; kühl. Wiederholen, bis alle Brötchen gedämpft sind. Bao Buns nach Belieben mit Sauce servieren.

3. Ananasbrötchen

Zutaten

Tangzhong

- 20 Gramm Allzweckmehl (2 Esslöffel)

- 75 Gramm Wasser (1/3 Tasse)

- Teig

Belag

- 55 Gramm Butter

- 135 Gramm superfeiner Zucker

- 1 Teelöffel Vanilleextrakt

- Eigelb

- 1 Esslöffel Vollmilch

- 120 Gramm Allzweckmehl

- 1/4 Teelöffel Backpulver

- 1/8 Teelöffel Kurkuma

- Ei waschen

- 1 großes Ei

- 1 Esslöffel Vollmilch

Richtungen

a) Mehl und Wasser in einem Topf verquirlen, bis sich das Mehl auflöst.

b) Stellen Sie den Topf auf mittlere Hitze und rühren Sie die Mischung häufig um. In etwa einer Minute beginnt das Mehl einzudicken. Gehen Sie während dieses Vorgangs nicht weg, da Sie den Tangzhong schnell verbrennen können! Sobald sich das Mehl zu einer leichten Paste entwickelt hat, schalte die Hitze aus.

c) Den Tangzhong zum Abkühlen in eine Schüssel geben. Es wird dicker, wenn es abkühlt.

d) 2 große Backbleche mit Pergamentpapier auslegen.

e) Sobald sich der Teig verdoppelt hat, schlagen Sie ihn herunter, um überschüssige Luft abzulassen. Den Teig auf eine Arbeitsfläche stürzen. Teilen Sie den Teig in 2 gleiche Portionen (jeweils 450 bis 456 Gramm). Geben Sie 1 Portion Teig zurück in die Schüssel, decken Sie sie ab und stellen Sie sie in den Kühlschrank, während Sie die erste Portion Brötchen formen.

f) Als nächstes teilen Sie den restlichen Teig in 6 gleiche Stücke (je 74 bis 76 Gramm). Nehmen Sie eines der Teigstücke und kneten Sie es mehrmals, um Luftblasen zu entfernen. Diesen Teig dann zu einer Kugel formen und mit der Nahtseite nach unten auf das mit Backpapier ausgelegte Backblech legen. Der Teig sollte einen Durchmesser von etwa 2 cm haben. Wiederholen Sie dies mit den restlichen 5 Teigstücken.

g) Decken Sie die Teigkugeln mit einem Handtuch ab und lassen Sie sie an einem warmen Ort 30 bis 45 Minuten lang gehen, bis sie auf das 1,5-fache ihrer Größe (etwa 3 Zoll im Durchmesser) angewachsen sind.

h) Ofen auf 375°F vorheizen. Wenn Sie mehr golden aussehende Ananasbrötchen möchten, heizen Sie den Ofen auf 385°F vor. Positionieren Sie einen Ofenrost in der mittleren Position.

i) Während die Brötchen gehen, teilen Sie den Teig für den Belag in 12 Stücke (jeweils etwa 27 bis 29 Gramm). Rollen Sie jedes Stück zu einer Kugel.

j) Nehmen Sie eine Aufbewahrungstasche aus Plastik und schneiden Sie den Reißverschluss ab. Schneiden Sie die Tüte weiter entlang der Kanten, sodass Sie 2 große Plastikblätter haben. Sie werden den Belag zwischen diesen Plastikfolien rollen.

k) Bereiten Sie in einer kleinen Schüssel die Eierwäsche vor, indem Sie ein Eigelb mit 1 Esslöffel Milch verquirlen.

l) Nachdem die Brötchen fertig sind, beginnen Sie mit dem Ausrollen des Belags.

m) Nehmen Sie eine Kugel des Topping-Teigs und legen Sie sie auf die Mitte einer Plastikfolie. Den Teig mit der Handfläche leicht flach drücken. Decken Sie dann die abgeflachte Scheibe mit der anderen Plastikfolie ab. Rollen Sie den Teig aus, bis Sie einen Kreis erhalten, der 3,5 bis 3,75 Zoll breit ist.

n) Ziehen Sie die obere Plastikfolie ab, drehen Sie den Belag auf Ihre Hand und ziehen Sie die andere Plastikfolie vorsichtig ab.

o) Den Belag über eines der Brötchen drapieren. Der Belag sollte das Brötchen nicht vollständig bedecken. Der Belag kann anbrennen, wenn er den Boden des Backblechs berührt. Rollen Sie den Belag weiter aus und drapieren Sie ihn über die Brötchen.

p) Bürsten Sie die Oberseiten der Brötchen mit Eiwasser.

q) Backen Sie die Brötchen für 14 bis 16 Minuten, bis die Oberseite leicht golden ist.

r) Sobald die erste Portion Brötchen im Ofen ist, die zweite Portion Brötchen zubereiten und backen.

s) Lassen Sie die Brötchen einige Minuten auf dem Backblech abkühlen, bevor Sie sie auf ein Kühlregal stellen.

t) Genießen Sie die Brötchen, solange sie noch warm sind! Dann sind sie am leckersten.

4. Gedämpfte Schweinefleischbrötchen vom Grill

Zutaten

- Gedämpfter Cha-Siu-Bao-Teig

- 1 Esslöffel Öl

- 1/3 Tasse Schalotten oder rote Zwiebel

- 1 Esslöffel Zucker

- 1 Esslöffel helle Sojasauce

- 1 1/2 Esslöffel Austernsauce

- 2 Teelöffel Sesamöl

- 2 Teelöffel dunkle Sojasauce

- 1/2 Tasse Hühnerbrühe

- 2 Esslöffel Allzweckmehl

- 1 1/2 Tassen gewürfelter chinesischer Schweinebraten

Richtungen

a) Mehl und Speisestärke sieben und zusammen mit Zucker und Öl zur Hefemischung geben. Schalten Sie den Mixer auf die niedrigste Stufe und lassen Sie ihn laufen, bis eine glatte Teigkugel entsteht.

b) Während der Teig ruht, die Fleischfüllung zubereiten. Das Öl in einem Wok bei mittlerer Hitze erhitzen. Fügen Sie die

Zwiebel hinzu und braten Sie sie eine Minute lang an. Reduzieren Sie die Hitze auf mittel-niedrig und fügen Sie Zucker, Sojasauce, Austernsauce, Sesamöl und dunkles Soja hinzu. Rühren und kochen, bis die Mischung zu sprudeln beginnt. Hühnerbrühe und Mehl zugeben. Herausnehmen und den Schweinebraten unterrühren.

c) Nachdem Ihr Teig 2 Stunden geruht hat, geben Sie das Backpulver zum Teig und schalten Sie den Mixer auf die niedrigste Stufe. Wenn der Teig zu diesem Zeitpunkt trocken aussieht oder Sie Probleme haben, das Backpulver einzuarbeiten, fügen Sie 1-2 Teelöffel Wasser hinzu.

d) Den Teig vorsichtig kneten, bis er wieder glatt wird. Mit einem feuchten Tuch abdecken und weitere 15 Minuten ruhen lassen. Nimm in der Zwischenzeit ein großes Stück Pergamentpapier und schneide es in zehn Quadrate von 4 x 4 Zoll. Bereiten Sie Ihren Dampfgarer vor, indem Sie das Wasser zum Kochen bringen.

e) Rollen Sie den Teig zu einer langen Rolle und teilen Sie ihn in 10 gleich große Stücke. Drücken Sie jedes Stück Teig in eine Scheibe mit einem Durchmesser von etwa 4 1/2 Zoll. Fügen Sie etwas Füllung hinzu und falten Sie die Brötchen, bis sie oben geschlossen sind.

f) Legen Sie jedes Brötchen auf ein Pergamentpapierquadrat und dämpfen Sie es. Ich habe die Brötchen in zwei getrennten Chargen mit einem Bambusdämpfer gedämpft. Sobald das Wasser kocht, die Brötchen in den Dampfgarer geben und jede Charge 12 Minuten lang bei starker Hitze dämpfen.

5. Kokosbrötchen

SERVIERT: 12 Brötchen

Zutaten

- Brotteig

- 6 Esslöffel Butter

- 3 Esslöffel Puderzucker

- 3 Esslöffel Kuchenmehl

- $\frac{1}{4}$ Tasse Trockenmilchpulver

- $\frac{1}{2}$ Tasse Kokosraspeln

- 1/3 Tasse Kuchenmehl

- 3 Esslöffel Butter

- 4 $\frac{1}{2}$ Teelöffel Puderzucker

- Ei waschen

- 1 Esslöffel geröstete Sesamsamen

- 1 EL Zucker (aufgelöst in 1 EL heißem Wasser)

Richtungen

a) Beginnen Sie mit der Zubereitung des Brotteigs und stellen Sie sicher, dass Ihre Zutaten Raumtemperatur haben. In die Schüssel eines Mixers Sahne, Milch, Ei, Zucker, Kuchenmehl, Brotmehl, Hefe und Salz (in dieser Reihenfolge) geben. Schalten Sie den Mixer mit dem Knethakenaufsatz auf die niedrigste Stufe ein.

b) Lassen Sie es 15 Minuten lang gehen und halten Sie gelegentlich den Mixer an, um den Teig zusammenzudrücken.

c) Nach 15 Minuten ist der Teig bereit zum Gehen. Decke die Schüssel mit einem feuchten Tuch ab und stelle sie für 1 Stunde an einen warmen Ort. Der Teig wächst auf etwa das 1,5-fache seiner ursprünglichen Größe an.

d) Bereiten Sie in der Zwischenzeit die Füllung vor, indem Sie alle Zutaten für die Füllung gründlich in ab mischenEule. Beiseite legen.

e) Nachdem der Brotteig eine Stunde aufgegangen ist, den Teig wieder in den Mixer geben und weitere 5 Minuten langsam kneten, um Luftblasen zu entfernen. Den Teig auf eine leicht bemehlte Fläche geben und in 12 gleich große Stücke schneiden.

f) Drücken Sie jedes Stück Teig mit Ihren Händen in eine grobe ovale Form, etwa 4 Zoll lang und 3 Zoll breit. Verteilen Sie etwa einen Esslöffel Füllung auf der Mitte des Teigs und rollen Sie ihn zu einer Zigarre, wobei Sie die Enden unter das Brötchen stecken, um die Füllung vollständig zu versiegeln. Wir mögen diese Methode, weil sie die Füllung gleichmäßig im Brötchen verteilt.

g) Die Brötchen auf ein mit Backpapier ausgelegtes Backblech legen und mit einem sauberen Küchentuch abdecken. Weitere 45 Minuten bis eine Stunde gehen lassen.

h) Heizen Sie Ihren Ofen auf 350 Grad vor. Für den Belag 1/3 Tasse Kuchenmehl, 3 Esslöffel weiche Butter und 4 $\frac{1}{2}$ Teelöffel Puderzucker mischen und in einen Spritzbeutel oder kleinen Reißverschlussbeutel mit einer kleinen abgeschnittenen Ecke geben. Beiseite legen.

i) Sobald die Brötchen aufgegangen sind, mit Eigelb bestreichen. Spritzen Sie zwei Streifen Ihrer Topping-Mischung auf jedes Brötchen und bestreuen Sie jedes mit Sesam. 15-17 Minuten goldbraun backen. Aus dem Ofen nehmen und mit dem Zuckersirup bestreichen.

6. Gegrilltes Schweinefleischbrötchen

Ausbeute: 16 Portionen

Zutat

- ⅓ Tasse warmes Wasser

- ½ Teelöffel Zucker

- 1 Päckchen Trockenhefe

- 2½ Tasse Mehl

- 2½ Tasse Kuchenmehl

- 4 Esslöffel Zucker

- 6 Unzen chinesisches BBQ-Schweinefleisch, gewürfelt

- 1 Esslöffel Öl

- 2 Teelöffel Wasser

- ½ Teelöffel Salz

- ½ Teelöffel Zucker

- ½ Teelöffel Salz

- 2 Esslöffel Verkürzung

- 1¼ Tasse fettarme Milch

- 16 Stück weißes Papier 2 Zoll im Quadrat

- $\frac{1}{2}$ Teelöffel dünne Sojasauce

- 1 Teelöffel Austernsauce

- 1 Teelöffel Hoisin-Sauce

- 2 Teelöffel Maisstärke

- 4 Teelöffel kaltes Wasser (zum Andicken)

Richtungen

a) Mischen Sie das warme Wasser, $\frac{1}{2}$ Teelöffel Zucker und Hefe in einem 8 oz. Messbecher. Lassen Sie es stehen, bis es auf 8 oz steigt. Stufe.

b) Mehl, Kuchenmehl, Zucker und Salz in eine große Rührschüssel sieben.

c) Backfett, Hefemischung und Milch hinzugeben.

d) Masse 5 Minuten zu einem Teig kneten. Mit einem feuchten Tuch abdecken und den Teig an einem warmen Ort gehen lassen. Den Teig 3 Stunden gehen lassen.

e) Wok erhitzen, Öl hinzufügen und Schweinefleisch 2 Minuten braten.

f) Fügen Sie 2 Esslöffel Wasser, Salz, Zucker, Sojasauce, Austernsauce und Hoisinsauce hinzu. Bring es zum Kochen.

g) Bereiten Sie die Andickung vor, indem Sie die Maisstärke und 4 Esslöffel kaltes Wasser mischen. In die Mischung rühren und 1 Minute kochen. Vor Gebrauch abkühlen lassen.

h) Nach 3 Stunden, wenn der Teig aufgegangen ist, Rollen von etwa 2 cm Durchmesser formen. Schneiden Sie jede Rolle in 1-½-Zoll-Stücke.

i) Jedes Stück zu einer flachen Schüssel formen.

j) 1 EL Füllung in die Mitte geben, Teig zuklappen und zu einem Brötchen formen. Legen Sie das Brötchen auf ein 2-Zoll-Quadrat aus weißem Papier.

k) Legen Sie 8 Brötchen in eine Kuchenform und lassen Sie sie 15 Minuten an einem warmen Ort fest werden und aufgehen.

l) 25 Minuten dämpfen.

KNÖDEL

7. Altmodische Apfelknödel

Portionen: 6

Zutat

- 1 Gebäck für Kuchen mit doppelter Kruste

- 6 große Granny-Smith-Äpfel, geschält und entkernt

- $\frac{1}{2}$ Tasse Butter

- $\frac{3}{4}$ Tasse brauner Zucker

- 1 Teelöffel gemahlener Zimt

- $\frac{1}{2}$ Teelöffel gemahlene Muskatnuss

- 3 Tassen Wasser

- 2 Tassen weißer Zucker

- 1 Teelöffel Vanilleextrakt

Richtungen

a) Backofen auf 200 Grad C vorheizen. Butter eine 9x13-Zoll-Pfanne.

b) Rollen Sie den Teig auf einer leicht bemehlten Oberfläche zu einem großen Rechteck von etwa 24 x 16 Zoll aus. In 6 quadratische Stücke schneiden. Auf jedes Teigquadrat einen Apfel mit der entkernten Öffnung nach oben legen.

Butter in 8 Stücke schneiden. Legen Sie 1 Stück Butter in die Öffnung jedes Apfels; Restliche Butter für die Soße aufbewahren. Den braunen Zucker zwischen den Äpfeln verteilen, etwas in jede entkernte Öffnung stecken und den Rest um die Basis jedes Apfels herum. Zimt und Muskat über die Äpfel streuen.

c) Bringen Sie mit leicht angefeuchteten Fingerspitzen eine Ecke des Teigquadrats an die Spitze des Apfels, dann die gegenüberliegende Ecke an die Spitze und drücken Sie sie zusammen. Bringen Sie die beiden verbleibenden Ecken hoch und versiegeln Sie sie. Drücken Sie den Teig an den Seiten leicht zusammen, um den Apfel vollständig einzuschließen. Mit den restlichen Äpfeln wiederholen. In die vorbereitete Auflaufform geben.

d) Kombinieren Sie in einem Topf Wasser, weißen Zucker, Vanilleextrakt und reservierte Butter. Auf mittlere Hitze stellen und in einem großen Topf zum Kochen bringen. 5 Minuten kochen, oder bis sich der Zucker aufgelöst hat. Knödel vorsichtig darüber gießen.

e) Im vorgeheizten Backofen 50 bis 60 Minuten backen. Legen Sie jeden Apfelknödel in eine Dessertschüssel und löffeln Sie etwas Sauce darüber.

8. Hühner- und Korianderknödel

Ausbeute: 4 Portionen

Zutat

- 1 Pfund knochenloses Hähnchen ohne Haut

- Brüste,

- In Würfel schneiden

- $\frac{1}{4}$ Tasse Achiote-Paste

- $\frac{1}{4}$ Tasse frisch gepresster Orangensaft

- 2 Esslöffel Butter

- 2 Karotten, in Scheiben geschnitten

- 2 Selleriestangen, in Scheiben geschnitten

- 2 Jalapeños, längs gespalten,

- Entkernt, geschnitten

- 6 Tassen Hühnerbrühe

- $1\frac{1}{2}$ Tasse Allzweckmehl

- 1 Esslöffel Backpulver

- $\frac{3}{4}$ Teelöffel Salz

- 2 große Eier

- ½ Tasse (ungefähr) Milch

- 1 Bund Korianderblätter, gehackt

Richtungen

a) Hähnchen mit Salz und Pfeffer würzen. In eine mittlere Schüssel geben. Achiote-Paste mit Orangensaft im Mixer pürieren. Zum Hähnchen geben. Zum Überziehen werfen. Beiseite legen.

b) Butter in einem großen Topf bei mittlerer Hitze schmelzen. Karotten und Sellerie zugeben und 5 Minuten dünsten. Hähnchen und Jalapeño dazugeben und 3 bis 5 Minuten anbraten. Brühe nach und nach unterrühren. Köcheln lassen, bis es leicht eingedickt ist. Mehl, Backpulver und Salz in einer großen Schüssel mischen. Eier im Messbecher aus Glas verquirlen. Fügen Sie genug Milch hinzu, um ¾ Tasse zu messen. Gehackten Koriander hinzufügen. Schneebesen zum Mischen. Zu den trockenen Zutaten geben und umrühren, bis alles vermischt ist. Geben Sie die Knödelmischung mit abgerundeten Esslöffeln in eine Schüssel mit Eiswasser. Mit einem geschlitzten Löffel in die Hühnermischung geben.

c) Fügen Sie genug Knödel hinzu, um die Oberseite des Eintopfs zu bedecken. Abdecken und köcheln lassen, bis sich die Knödel fest anfühlen, dabei gelegentlich wenden, etwa 12 Minuten.

d) Hähnchen und Knödel in Schüsseln füllen.

9. Super-Bowl-Knödel

Ausbeute: 1 Portionen

Zutat

- 1 Pfund süße italienische Hackwurst

- 1 große rote Paprika, würfeln

- 1 Tasse Pilz, würfeln

- Frisch gemahlener schwarzer Pfeffer

- 2 Teelöffel frischer Salbei

- 12 Unzen Won-Tan-Wrapper

Richtungen

a) In einer großen Pfanne die Wurst bei schwacher Hitze 15 Minuten lang erwärmen. Fett abtropfen lassen. Zwiebeln, Paprika, Pilze, Pfeffer und Salbei hinzufügen und bei schwacher Hitze 10 Minuten anbraten; beiseite legen. Won-Tan-Wrapper auf eine gut bemehlte Fläche legen.

b) Bürsten Sie die Oberseiten mit Wasser.

c) Füllen Sie jede Haut mit 1 Teelöffel der Mischung und falten Sie sie dann diagonal in der Mitte; Drücken Sie die Kanten zum Versiegeln.

d) Möglichst viele Knödel in den Korbeinsatz geben und zugedeckt vier bis fünf Minuten dämpfen.

10.   Aprikosenknödel

Ausbeute: 12 Portionen

Zutat

- 1 Packung (8-oz) gekühlte Halbmondbrötchen

- 24 Getrocknete Aprikosen

- Aprikosengelee

Richtungen

a) Rollen auf einer leicht bemehlten Fläche ausrollen. Perforationen zusammendrücken. Blatt in sechs 4-Zoll-Quadrate schneiden. Schneiden Sie jedes Quadrat in zwei Hälften, um 12 Dreiecke zu erhalten. 12 Aprikosenhälften mit Aprikosengelee bestreichen. Mit Aprikosenhälften belegen. 1 Aprikose in die Mitte jedes Dreiecks legen. Teigränder leicht anfeuchten.

b) Bringen Sie die Teigecken nach oben und über die Füllung. Mit einer Schere überschüssigen Teig abschneiden. Auf einem mit Antihaft-Kochspray besprühten Backblech anrichten. 10 Minuten bei 350 Grad backen.

c) Abgekühlte Knödel mit Puderzucker bestreuen.

11.   Atomknödel

Ausbeute: 8 Portionen

Zutat

- 1 Packung Wonton-Felle

- 2 Pfund Hähnchenbrust ohne Knochen; gewürfelt

- 1 Dose Kokosmilch

- 1 thailändisches Glas; Vietnamesische oder andere Chili-Knoblauch-Paste

- 3 thailändische Chilis; frisch, grün und rot

- 1 Bund frischer Koriander; grob gehackt

- 1 kleine Portion Wasser und Maisstärke; machen dünne Paste

Richtungen

a) Hähnchenwürfel mit Kokosmilch, Chilipaste, Paprika und Koriander mischen.

b) Mindestens eine Stunde ruhen lassen, um die Aromen aufzunehmen.

c) Nehmen Sie dann einen Hähnchenwürfel, zentrieren Sie ihn in einer Wan-Tan-Haut, sammeln Sie die vier Ecken der

Haut mit Ihren in der Maisstärkepaste angefeuchteten Fingern und drehen Sie die Haut, bis der Knödel wie ein Kuss von Hershey aussieht.

d) Lassen Sie diese auf Wachspapier oder einem mit PAM besprühten Backblech ruhen. Frittieren Sie diese in ausreichend Öl, um sie zu bedecken, ein paar auf einmal. Ich verwende Erdnussöl, aber alles, was eine hohe Hitze aushält, ist in Ordnung. Olivenöl raucht zu viel.

e) Aus dem heißen Öl nehmen, wenn sie schwimmen und goldbraun sind. Seien Sie vorsichtig, sie kochen sehr schnell.

12.   Bayerische Semmelknödel

Ausbeute: 4 Portionen

Zutat

- 10 bis 12 Scheiben altbackenes Brot

- 1 Teelöffel Salz

- 1½ Tasse lauwarme Milch

- 3 Scheiben Speck, gewürfelt

- 1 kleine Zwiebel, gehackt

- 1 Esslöffel gehackte Petersilie

- 1 Teelöffel Majoran

- 2 Eier

- Semmelbrösel ggf

Richtungen

a) Brot oder Brötchen mit Kruste in kleine Stücke schneiden, in eine Schüssel geben und mit Salz bestreuen. Brot mit lauwarmer Milch übergießen und eine Stunde ziehen lassen.

b) Wenn sich zu diesem Zeitpunkt überschüssige Milch in der Schüssel befindet, gießen Sie sie ab. Braten Sie den Speck in der Pfanne mit der gehackten Zwiebel, bis der Speck fast knusprig und die Zwiebel weich und golden ist. Petersilie und Majoran zugeben und 3 bis 4 Minuten sautieren. Speck, Zwiebel und Kräuter zur Brotmischung geben. Eier gründlich untermischen.

c) Wenn der Knödelteig zu weich ist, um sich zu formen, fügen Sie Semmelbrösel hinzu, einen Esslöffel auf einmal, bis der Teig fest genug ist. Mit nassen Händen oder zwei nassen Esslöffeln einen Probeknödel formen.

d) In kochendes Salzwasser geben und halb zugedeckt 20 Minuten köcheln lassen.

13.   Brombeerknödel

Ausbeute: 1 Portionen

Zutat

- 1 Liter frische oder gefrorene Brombeeren

- 1 Tasse Plus 1 Esslöffel Zucker,

- 1 geteilt 3l4 Teelöffel Salz, geteilt

- ½ Teelöffel Zitronenextrakt

- 1½ Tasse Allzweckmehl

- 2 Teelöffel Backpulver

- ¼ Teelöffel gemahlene Muskatnuss

- ⅔ Tasse Milchcreme oder Schlagsahne, optional

Richtungen

a) In einem Dutch Oven Brombeeren, Zucker, Salz und Zitronenextrakt mischen. Zum Kochen bringen; 5 Minuten köcheln lassen.

b) Mehl, Backpulver, Muskat und restlichen Zucker und Salz mischen. Milch hinzufügen; Rühren Sie nur bis gemischt.

c) In sechs Hügel fallen lassen, fest abdecken und 15 Minuten köcheln lassen.

14. Teigtaschen gefüllt mit Hühnerrisotto

Portionen: 4

Zutaten:

- 3/4 Pfund übrig gebliebenes Hühnerrisotto

- 2 Esslöffel Ingwer-Knoblauch-Paste

- 1 Teelöffel Maismehl

- 1 Teelöffel Zucker

- 1/2 Esslöffel dunkle Sojasauce

- 1 1/2 Esslöffel Olivenöl

- 1/2 Esslöffel Sesamöl

- Salz und Pfeffer nach Geschmack

- 24 runde Teigtaschen

Richtungen

a) Alle Zutaten bis auf die Wraps in einer Schüssel vermengen. Gut mischen und 1-2 Stunden kühl stellen.

b) Um Knödel zusammenzusetzen, 2 Teelöffel der vorbereiteten Füllung in die Mitte der Verpackung geben. Benetzen Sie den Rand der Verpackung mit einem Finger mit Wasser. Den Wrap halbieren und die Ränder verschließen.

Beginnen Sie an einer Kante und drücken Sie weiter zur anderen Kante.

c) Wiederholen Sie den gleichen Vorgang und bereiten Sie 23 weitere Knödel zu

d) Um die Knödel zu kochen, kochen Sie Wasser in einer Pfanne mit tiefem Boden bei starker Hitze. Sobald das Wasser zu kochen beginnt, die Hitze köcheln lassen. Fetten Sie einen Bambusdämpfer leicht mit Kochspray ein und bestücken Sie jede Ebene mit vorbereiteten Teigtaschen. Legen Sie jedes Stück so, dass sie sich nicht berühren und die Dämpfe leicht um jeden Knödel strömen können. Decken Sie den Dampfgarer mit seinem Deckel ab und garen Sie ihn 14-15 Minuten lang.

e) Heiß mit dem Dip servieren.

15.   Schwarze Johannisbeerknödel

Portionen: 4

Zutaten:

- 1/2 Pfund schwarze Johannisbeere

- 1 Tasse saure Sahne

- 1 Esslöffel Maismehl

- 1 Teelöffel Zucker

- 24 runde Teigtaschen

Richtungen

a) Alle Zutaten bis auf die Wraps in einer Schüssel vermengen. Gut mischen und 1-2 Stunden kühl stellen.

b) Um Knödel zusammenzusetzen, 2 Teelöffel der vorbereiteten Füllung in die Mitte der Verpackung geben. Benetzen Sie den Rand der Verpackung mit einem Finger mit Wasser. Den Wrap halbieren und die Ränder verschließen. Beginnen Sie an einer Kante und drücken Sie weiter zur anderen Kante.

c) Wiederholen Sie den gleichen Vorgang und bereiten Sie 23 weitere Knödel zu

d) Um die Knödel zu kochen, kochen Sie Wasser in einer Pfanne mit tiefem Boden bei starker Hitze. Sobald das Wasser zu kochen beginnt, die Hitze köcheln lassen.

e) Fetten Sie einen Bambusdämpfer leicht mit Kochspray ein und bestücken Sie jede Ebene mit vorbereiteten Teigtaschen. Legen Sie jedes Stück so, dass sie sich nicht berühren und die Dämpfe leicht um jeden Knödel strömen können. Decken Sie den Dampfgarer mit seinem Deckel ab und garen Sie ihn 14-15 Minuten lang.

f) Heiß servieren!

16.   Frischkäse-Pfeffer-Knödel

Portionen: 4

Zutaten:

- 1/2 Pfund Frischkäse

- 1 Tasse grüne Paprika, fein gehackt

- 2 Esslöffel Ingwer-Knoblauch-Paste

- 1 Teelöffel Maismehl

- 1 Teelöffel Zucker

- 1/2 Esslöffel dunkle Sojasauce

- 1 1/2 Esslöffel Olivenöl

- 1/2 Esslöffel Sesamöl

- Salz und Pfeffer nach Geschmack

- 24 runde Teigtaschen

Richtungen

1. Alle Zutaten bis auf die Wraps in einer Schüssel vermengen. Gut mischen und 1-2 Stunden kühl stellen.

2. Um Knödel zusammenzusetzen, 2 Teelöffel der vorbereiteten Füllung in die Mitte der Verpackung geben. Benetzen Sie den Rand der Verpackung mit einem Finger mit Wasser. Den Wrap halbieren und die Ränder verschließen. Beginnen Sie an einer Kante und drücken Sie weiter zur anderen Kante.

3. Wiederholen Sie den gleichen Vorgang und bereiten Sie 23 weitere Knödel zu

4. Um die Knödel zu kochen, kochen Sie Wasser in einer Pfanne mit tiefem Boden bei starker Hitze. Sobald das Wasser zu kochen beginnt, die Hitze köcheln lassen. Fetten Sie einen Bambusdämpfer leicht mit Kochspray ein und bestücken Sie jede Ebene mit vorbereiteten Teigtaschen. Legen Sie jedes Stück so, dass sie sich nicht berühren und die Dämpfe leicht um jeden Knödel strömen können. Decken Sie den Dampfgarer mit seinem Deckel ab und garen Sie ihn 14-15 Minuten lang.

5. Heiß mit dem Dip servieren.

17. Zwiebel-Rinderknödel

Portionen: 4

Zutaten:

- 1/2 Pfund gebratenes Rindfleisch, gehackt

- 1 Tasse Zwiebel, fein gehackt

- 2 Esslöffel Ingwer-Knoblauch-Paste

- 1 Teelöffel Maismehl

- 1 Teelöffel Zucker

- 1/2 Esslöffel dunkle Sojasauce

- 1 1/2 Esslöffel Olivenöl

- 1/2 Esslöffel Sesamöl

- Salz und Pfeffer nach Geschmack

- 24 runde Teigtaschen

Richtungen

1. Alle Zutaten bis auf die Wraps in einer Schüssel vermengen. Gut mischen und 1-2 Stunden kühl stellen.

2. Um Knödel zusammenzusetzen, 2 Teelöffel der vorbereiteten Füllung in die Mitte der Verpackung geben.

Benetzen Sie den Rand der Verpackung mit einem Finger mit Wasser. Den Wrap halbieren und die Ränder verschließen. Beginnen Sie an einer Kante und drücken Sie weiter zur anderen Kante.

3. Wiederholen Sie den gleichen Vorgang und bereiten Sie 23 weitere Knödel zu

4. Um die Knödel zu kochen, kochen Sie Wasser in einer Pfanne mit tiefem Boden bei starker Hitze. Sobald das Wasser zu kochen beginnt, die Hitze köcheln lassen. Fetten Sie einen Bambusdämpfer leicht mit Kochspray ein und bestücken Sie jede Ebene mit vorbereiteten Teigtaschen. Legen Sie jedes Stück so, dass sie sich nicht berühren und die Dämpfe leicht um jeden Knödel strömen können. Decken Sie den Dampfgarer mit seinem Deckel ab und garen Sie ihn 14-15 Minuten lang.

5. Heiß mit dem Dip servieren.

18.   Ricotta-Zitronengrasknödel

Portionen: 4

Zutaten:

- 3/4 Pfund Ricotta-Käse, zerbröckelt
- 2 Esslöffel Zitronengras, fein gehackt
- 2 Esslöffel Ingwer-Knoblauch-Paste
- 1 Teelöffel Maismehl
- 1 Teelöffel Zucker
- 1/2 Esslöffel dunkle Sojasauce
- 1 1/2 Esslöffel Olivenöl
- 1/2 Esslöffel Sesamöl
- Salz und Pfeffer nach Geschmack
- 24 runde Teigtaschen

Richtungen

1. Alle Zutaten bis auf die Wraps in einer Schüssel vermengen. Gut mischen und 1-2 Stunden kühl stellen.

2. Um Knödel zusammenzusetzen, 2 Teelöffel der vorbereiteten Füllung in die Mitte der Verpackung geben. Benetzen Sie den Rand der Verpackung mit einem Finger mit Wasser. Den Wrap halbieren und die Ränder verschließen. Beginnen Sie an einer Kante und drücken Sie weiter zur anderen Kante.

3. Wiederholen Sie den gleichen Vorgang und bereiten Sie 23 weitere Knödel zu

4. Um die Knödel zu kochen, kochen Sie Wasser in einer Pfanne mit tiefem Boden bei starker Hitze. Sobald das Wasser zu kochen beginnt, die Hitze köcheln lassen. Fetten Sie einen Bambusdämpfer leicht mit Kochspray ein und bestücken Sie jede Ebene mit vorbereiteten Teigtaschen. Legen Sie jedes Stück so, dass sie sich nicht berühren und die Dämpfe leicht um jeden Knödel strömen können. Decken Sie den Dampfgarer mit seinem Deckel ab und garen Sie ihn 14-15 Minuten lang.

5. Heiß mit dem Dip servieren.

19. Rosinen-Kokos-Knödel

Portionen: 4

Zutaten:

- 1 Tasse Kokosraspeln

- 1 Tasse Rosinen

- 1 Tasse Kondensmilch

- 1 Esslöffel Maismehl

- 24 runde Teigtaschen

Richtungen

1. Alle Zutaten bis auf die Wraps in einer Schüssel vermengen. Gut mischen und 1-2 Stunden kühl stellen.

2. Um Knödel zusammenzusetzen, 2 Teelöffel der vorbereiteten Füllung in die Mitte der Verpackung geben. Benetzen Sie den Rand der Verpackung mit einem Finger mit Wasser. Den Wrap halbieren und die Ränder verschließen. Beginnen Sie an einer Kante und drücken Sie weiter zur anderen Kante.

3. Wiederholen Sie den gleichen Vorgang und bereiten Sie 23 weitere Knödel zu

4. Um die Knödel zu kochen, kochen Sie Wasser in einer Pfanne mit tiefem Boden bei starker Hitze. Sobald das Wasser zu kochen beginnt, die Hitze köcheln lassen. Fetten Sie einen Bambusdämpfer leicht mit Kochspray ein und bestücken Sie jede Ebene mit vorbereiteten Teigtaschen.

5. Legen Sie jedes Stück so, dass sie sich nicht berühren und die Dämpfe leicht um jeden Knödel strömen können. Decken Sie den Dampfgarer mit seinem Deckel ab und garen Sie ihn 14-15 Minuten lang.

6. Heiß servieren!

20. Cashew-Apfel-Knödel

Portionen: 4

Zutaten:

- 1/2 Pfund Apfelkuchenfüllung

- 1 Tasse Cashewnüsse, fein gehackt

- 1 Esslöffel Maismehl

- 1 Teelöffel Zucker

- 24 runde Teigtaschen

Richtungen

1. Alle Zutaten bis auf die Wraps in einer Schüssel vermengen. Gut mischen und 1-2 Stunden kühl stellen.

2. Um Knödel zusammenzusetzen, 2 Teelöffel der vorbereiteten Füllung in die Mitte der Verpackung geben. Benetzen Sie den Rand der Verpackung mit einem Finger mit Wasser. Den Wrap halbieren und die Ränder verschließen. Beginnen Sie an einer Kante und drücken Sie weiter zur anderen Kante.

3. Wiederholen Sie den gleichen Vorgang und bereiten Sie 23 weitere Knödel zu

4. Um die Knödel zu kochen, kochen Sie Wasser in einer Pfanne mit tiefem Boden bei starker Hitze. Sobald das Wasser zu kochen beginnt, die Hitze köcheln lassen.

5. Fetten Sie einen Bambusdämpfer leicht mit Kochspray ein und bestücken Sie jede Ebene mit vorbereiteten Teigtaschen. Legen Sie jedes Stück so, dass sie sich nicht berühren und die Dämpfe leicht um jeden Knödel strömen können. Decken Sie den Dampfgarer mit seinem Deckel ab und garen Sie ihn 14-15 Minuten lang.

6. Heiß mit dem Dip servieren.

21. Erdbeer-Sahneknödel

Portionen: 4

Zutaten:

- 1/2 Pfund Erdbeere, fein gehackt

- 1 Tasse Schlagsahne

- 1 Esslöffel Maismehl

- 1/4 Tasse Puderzucker

- 24 runde Teigtaschen

Richtungen

1. Alle Zutaten bis auf die Wraps in einer Schüssel vermengen. Gut mischen und 1-2 Stunden kühl stellen.

2. Um Knödel zusammenzusetzen, 2 Teelöffel der vorbereiteten Füllung in die Mitte der Verpackung geben. Benetzen Sie den Rand der Verpackung mit einem Finger mit Wasser. Den Wrap halbieren und die Ränder verschließen. Beginnen Sie an einer Kante und drücken Sie weiter zur anderen Kante.

3. Wiederholen Sie den gleichen Vorgang und bereiten Sie 23 weitere Knödel zu

4. Um die Knödel zu kochen, kochen Sie Wasser in einer Pfanne mit tiefem Boden bei starker Hitze. Sobald das Wasser zu kochen beginnt, die Hitze köcheln lassen. Fetten Sie einen Bambusdämpfer leicht mit Kochspray ein und bestücken Sie jede Ebene mit vorbereiteten Teigtaschen. Legen Sie jedes Stück so, dass sie sich nicht berühren und die Dämpfe leicht um jeden Knödel strömen können. Decken Sie den Dampfgarer mit seinem Deckel ab und garen Sie ihn 14-15 Minuten lang.

5. Heiß servieren!

22. Zitronen-Thunfisch-Knödel

Portionen: 4

Zutaten:

- 3/4 Pfund Thunfischflocken

- Saft und Schale von 1 Zitrone

- 2 Esslöffel Ingwer-Knoblauch-Paste

- 1 Teelöffel Maismehl

- 1 Teelöffel Zucker

- 1/2 Esslöffel dunkle Sojasauce

- 1 1/2 Esslöffel Olivenöl

- 1/2 Esslöffel Sesamöl

- Salz und Pfeffer nach Geschmack

- 24 runde Teigtaschen

Richtungen

a) Alle Zutaten bis auf die Wraps in einer Schüssel vermengen. Gut mischen und 1-2 Stunden kühl stellen.

b) Um Knödel zusammenzusetzen, 2 Teelöffel der vorbereiteten Füllung in die Mitte der Verpackung geben. Benetzen Sie den Rand der Verpackung mit einem Finger mit Wasser. Den Wrap halbieren und die Ränder verschließen. Beginnen Sie an einer Kante und drücken Sie weiter zur anderen Kante.

c) Wiederholen Sie den gleichen Vorgang und bereiten Sie 23 weitere Knödel zu

d) Um die Knödel zu kochen, kochen Sie Wasser in einer Pfanne mit tiefem Boden bei starker Hitze. Sobald das Wasser zu kochen beginnt, die Hitze köcheln lassen. Fetten Sie einen Bambusdämpfer leicht mit Kochspray ein und bestücken Sie jede Ebene mit vorbereiteten Teigtaschen. Legen Sie jedes Stück so, dass sie sich nicht berühren und die Dämpfe leicht um jeden Knödel strömen können. Decken Sie den Dampfgarer mit seinem Deckel ab und garen Sie ihn 14-15 Minuten lang.

e) Heiß mit dem Dip servieren.

23.   Pesto-Schinkenknödel

Portionen: 4

Zutaten:

- 1/2 Pfund Schinken, fein gehackt

- 1 Tasse Pesto-Sauce

- 2 Esslöffel Ingwer-Knoblauch-Paste

- 1 Teelöffel Maismehl

- 1 Teelöffel Zucker

- 1/2 Esslöffel dunkle Sojasauce

- 1 1/2 Esslöffel Olivenöl

- 1/2 Esslöffel Sesamöl

- Salz und Pfeffer nach Geschmack

- 24 runde Teigtaschen

Richtungen

1. Alle Zutaten bis auf die Wraps in einer Schüssel vermengen. Gut mischen und 1-2 Stunden kühl stellen.

2. Um Knödel zusammenzusetzen, 2 Teelöffel der vorbereiteten Füllung in die Mitte der Verpackung geben. Benetzen Sie den Rand der Verpackung mit einem Finger mit Wasser. Den Wrap halbieren und die Ränder verschließen. Beginnen Sie an einer Kante und drücken Sie weiter zur anderen Kante.

3. Wiederholen Sie den gleichen Vorgang und bereiten Sie 23 weitere Knödel zu

4. Um die Knödel zu kochen, kochen Sie Wasser in einer Pfanne mit tiefem Boden bei starker Hitze. Sobald das Wasser zu kochen beginnt, die Hitze köcheln lassen. Fetten Sie einen Bambusdämpfer leicht mit Kochspray ein und bestücken Sie jede Ebene mit vorbereiteten Teigtaschen. Legen Sie jedes Stück so, dass sie sich nicht berühren und die Dämpfe leicht um jeden Knödel strömen können. Decken Sie den Dampfgarer mit seinem Deckel ab und garen Sie ihn 14-15 Minuten lang.

5. Heiß mit dem Dip servieren.

## 24.	Pizzaknödel

Portionen: 4

Zutaten:

- 1 Tasse Speck, fein gehackt

- 1/2 Tasse Pizzasauce

- 1 Tasse Mozzarella-Käse, gerieben

- 1 Teelöffel Maismehl

- 1 Teelöffel Zucker

- 1 1/2 Esslöffel Olivenöl

- 1/2 Esslöffel Sesamöl

- Salz und Pfeffer nach Geschmack

- 24 runde Teigtaschen

Richtungen

1. Alle Zutaten bis auf die Wraps in einer Schüssel vermengen. Gut mischen und 1-2 Stunden kühl stellen.

2. Um Knödel zusammenzusetzen, 2 Teelöffel der vorbereiteten Füllung in die Mitte der Verpackung geben.

Benetzen Sie den Rand der Verpackung mit einem Finger mit Wasser. Den Wrap halbieren und die Ränder verschließen. Beginnen Sie an einer Kante und drücken Sie weiter zur anderen Kante.

3. Wiederholen Sie den gleichen Vorgang und bereiten Sie 23 weitere Knödel zu

4. Um die Knödel zu kochen, kochen Sie Wasser in einer Pfanne mit tiefem Boden bei starker Hitze. Sobald das Wasser zu kochen beginnt, die Hitze köcheln lassen.

5. Fetten Sie einen Bambusdämpfer leicht mit Kochspray ein und bestücken Sie jede Ebene mit vorbereiteten Teigtaschen. Legen Sie jedes Stück so, dass sie sich nicht berühren und die Dämpfe leicht um jeden Knödel strömen können. Decken Sie den Dampfgarer mit seinem Deckel ab und garen Sie ihn 14-15 Minuten lang.

6. Heiß mit dem Dip servieren.

25. Peperoni-Ananas-Knödel

Portionen: 4

Zutaten:

- 1/2 Pfund Peperoni, fein gehackt

- 1 Tasse Ananas, fein gehackt

- 1 Esslöffel Maismehl

- 1 Teelöffel Zucker

- 1 1/2 Esslöffel Olivenöl

- 1/2 Esslöffel Sesamöl

- Salz und Pfeffer nach Geschmack

- 24 runde Teigtaschen

Richtungen

1. Alle Zutaten bis auf die Wraps in einer Schüssel vermengen. Gut mischen und 1-2 Stunden kühl stellen.

2. Um Knödel zusammenzusetzen, 2 Teelöffel der vorbereiteten Füllung in die Mitte der Verpackung geben. Benetzen Sie den Rand der Verpackung mit einem Finger mit Wasser. Den Wrap halbieren und die Ränder verschließen.

Beginnen Sie an einer Kante und drücken Sie weiter zur anderen Kante.

3. Wiederholen Sie den gleichen Vorgang und bereiten Sie 23 weitere Knödel zu

4. Um die Knödel zu kochen, kochen Sie Wasser in einer Pfanne mit tiefem Boden bei starker Hitze. Sobald das Wasser zu kochen beginnt, die Hitze köcheln lassen. Fetten Sie einen Bambusdämpfer leicht mit Kochspray ein und bestücken Sie jede Ebene mit vorbereiteten Teigtaschen. Legen Sie jedes Stück so, dass sie sich nicht berühren und die Dämpfe leicht um jeden Knödel strömen können. Decken Sie den Dampfgarer mit seinem Deckel ab und garen Sie ihn 14-15 Minuten lang.

5. Heiß mit dem Dip servieren.

26.   Jalapeño Truthahnknödel

Portionen: 4

Zutaten:

- 1/2 Pfund gekochte Putenbrust, gehackt 1 Tasse Jalapeño, fein gehackt

- 2 Esslöffel Ingwer-Knoblauch-Paste

- 1 Teelöffel Maismehl

- 1 Teelöffel Zucker

- 1/2 Esslöffel dunkle Sojasauce

- 1 1/2 Esslöffel Olivenöl

- 1/2 Esslöffel Sesamöl

- Salz und Pfeffer nach Geschmack

- 24 runde Teigtaschen

Richtungen

1. Alle Zutaten bis auf die Wraps in einer Schüssel vermengen. Gut mischen und 1-2 Stunden kühl stellen.

2. Um Knödel zusammenzusetzen, 2 Teelöffel der vorbereiteten Füllung in die Mitte der Verpackung geben. Benetzen Sie den Rand der Verpackung mit einem Finger mit Wasser. Den Wrap halbieren und die Ränder verschließen. Beginnen Sie an einer Kante und drücken Sie weiter zur anderen Kante.

3. Wiederholen Sie den gleichen Vorgang und bereiten Sie 23 weitere Knödel zu

4. Um die Knödel zu kochen, kochen Sie Wasser in einer Pfanne mit tiefem Boden bei starker Hitze. Sobald das Wasser zu kochen beginnt, die Hitze köcheln lassen. Fetten Sie einen Bambusdämpfer leicht mit Kochspray ein und bestücken Sie jede Ebene mit vorbereiteten Teigtaschen. Legen Sie jedes Stück so, dass sie sich nicht berühren und die Dämpfe leicht um jeden Knödel strömen können. Decken Sie den Dampfgarer mit seinem Deckel ab und garen Sie ihn 14-15 Minuten lang.

5. Heiß mit dem Dip servieren.

27. Bologna-Käseknödel

Portionen: 4

Zutaten:

- 1/2-Pfund-Bologna, fein gehackt

- 1 Tasse Mozzarella-Käse, gerieben

- 2 Esslöffel Ingwer-Knoblauch-Paste

- 1 Teelöffel Maismehl

- 1 Teelöffel Zucker

- 1/2 Esslöffel dunkle Sojasauce

- 1 1/2 Esslöffel Olivenöl

- 1/2 Esslöffel Sesamöl

- Salz und Pfeffer nach Geschmack

- 24 runde Teigtaschen

Richtungen

1. Alle Zutaten bis auf die Wraps in einer Schüssel vermengen. Gut mischen und 1-2 Stunden kühl stellen.

2. Um Knödel zusammenzusetzen, 2 Teelöffel der vorbereiteten Füllung in die Mitte der Verpackung geben. Benetzen Sie den Rand der Verpackung mit einem Finger mit Wasser. Den Wrap halbieren und die Ränder verschließen. Beginnen Sie an einer Kante und drücken Sie weiter zur anderen Kante.

3. Wiederholen Sie den gleichen Vorgang und bereiten Sie 23 weitere Knödel zu

4. Um die Knödel zu kochen, kochen Sie Wasser in einer Pfanne mit tiefem Boden bei starker Hitze. Sobald das Wasser zu kochen beginnt, die Hitze köcheln lassen.

5. Fetten Sie einen Bambusdämpfer leicht mit Kochspray ein und bestücken Sie jede Ebene mit vorbereiteten Teigtaschen. Legen Sie jedes Stück so, dass sie sich nicht berühren und die Dämpfe leicht um jeden Knödel strömen können. Decken Sie den Dampfgarer mit seinem Deckel ab und garen Sie ihn 14-15 Minuten lang.

6. Heiß mit dem Dip servieren.

28.   Feta-Zwiebelknödel

Portionen: 4

Zutaten:

- 1/2 Pfund Feta-Käse, zerbröselt

- 1 Tasse Zwiebel, fein gehackt

- 2 Esslöffel Ingwer-Knoblauch-Paste

- 1 Teelöffel Maismehl

- 1 Teelöffel Zucker

- 1/2 Esslöffel dunkle Sojasauce

- 1 1/2 Esslöffel Olivenöl

- 1/2 Esslöffel Sesamöl

- Salz und Pfeffer nach Geschmack

- 24 runde Teigtaschen

Richtungen

1. Alle Zutaten bis auf die Wraps in einer Schüssel vermengen. Gut mischen und 1-2 Stunden kühl stellen.

2. Um Knödel zusammenzusetzen, 2 Teelöffel der vorbereiteten Füllung in die Mitte der Verpackung geben. Benetzen Sie den Rand der Verpackung mit einem Finger mit Wasser. Den Wrap halbieren und die Ränder verschließen. Beginnen Sie an einer Kante und drücken Sie weiter zur anderen Kante.

3. Wiederholen Sie den gleichen Vorgang und bereiten Sie 23 weitere Knödel zu

4. Um die Knödel zu kochen, kochen Sie Wasser in einer Pfanne mit tiefem Boden bei starker Hitze. Sobald das Wasser zu kochen beginnt, die Hitze köcheln lassen. Fetten Sie einen Bambusdämpfer leicht mit Kochspray ein und bestücken Sie jede Ebene mit vorbereiteten Teigtaschen. Legen Sie jedes Stück so, dass sie sich nicht berühren und die Dämpfe leicht um jeden Knödel strömen können. Decken Sie den Dampfgarer mit seinem Deckel ab und garen Sie ihn 14-15 Minuten lang.

5. Heiß mit dem Dip servieren.

29.   Enten-Cheddar-Knödel

Portionen: 4

Zutaten:

- 1/2 Pfund gekochte Entenbrust, gehackt

- 1 Tasse Cheddar-Käse, gerieben

- 2 Esslöffel Ingwer-Knoblauch-Paste

- 1 Teelöffel Maismehl

- 1 Teelöffel Zucker

- 1/2 Esslöffel dunkle Sojasauce

- 1 1/2 Esslöffel Olivenöl

- 1/2 Esslöffel Sesamöl

- Salz und Pfeffer nach Geschmack

- 24 runde Teigtaschen

Richtungen

1. Alle Zutaten bis auf die Wraps in einer Schüssel vermengen. Gut mischen und 1-2 Stunden kühl stellen.

2. Um Knödel zusammenzusetzen, 2 Teelöffel der vorbereiteten Füllung in die Mitte der Verpackung geben. Benetzen Sie den Rand der Verpackung mit einem Finger mit Wasser. Den Wrap halbieren und die Ränder verschließen. Beginnen Sie an einer Kante und drücken Sie weiter zur anderen Kante.

3. Wiederholen Sie den gleichen Vorgang und bereiten Sie 23 weitere Knödel zu

4. Um die Knödel zu kochen, kochen Sie Wasser in einer Pfanne mit tiefem Boden bei starker Hitze. Sobald das Wasser zu kochen beginnt, die Hitze köcheln lassen. Fetten Sie einen Bambusdämpfer leicht mit Kochspray ein und bestücken Sie jede Ebene mit vorbereiteten Teigtaschen. Legen Sie jedes Stück so, dass sie sich nicht berühren und die Dämpfe leicht um jeden Knödel strömen können. Decken Sie den Dampfgarer mit seinem Deckel ab und garen Sie ihn 14-15 Minuten lang.

5. Heiß mit dem Dip servieren.

30. Mandel-Schoko-Knödel

Portionen: 4

Zutaten:

- 1/2 Pfund Schokoladenaufstrich

- 1 Tasse geröstete Mandeln, fein gehackt

- 24 runde Teigtaschen

Richtungen

1. Alle Zutaten bis auf die Wraps in einer Schüssel vermengen. Gut mischen und beiseite stellen.

2. Um Knödel zusammenzusetzen, 2 Teelöffel der vorbereiteten Füllung in die Mitte der Verpackung geben. Benetzen Sie den Rand der Verpackung mit einem Finger mit Wasser. Den Wrap halbieren und die Ränder verschließen. Beginnen Sie an einer Kante und drücken Sie weiter zur anderen Kante.

3. Um die Knödel zu kochen, kochen Sie Wasser in einer Pfanne mit tiefem Boden bei starker Hitze. Sobald das Wasser zu kochen beginnt, die Hitze köcheln lassen.

4. Fetten Sie einen Bambusdämpfer leicht mit Kochspray ein und bestücken Sie jede Ebene mit vorbereiteten

Teigtaschen. Decken Sie den Dampfgarer mit seinem Deckel ab und garen Sie ihn 14-15 Minuten lang.

31.   Knödel mit Orangenmarmelade

Portionen: 4

Zutaten:

- Orangenmarmelade (nach Bedarf)

- 24 runde Teigtaschen

Richtungen

1. Um Knödel zusammenzusetzen, 2 Teelöffel Marmelade in die
   Mitte der Verpackung geben. Benetzen Sie den Rand der
   Verpackung mit einem Finger mit Wasser. Den Wrap
   halbieren und die Ränder verschließen. Beginnen Sie an einer
   Kante und drücken Sie weiter zur anderen Kante.

2. Wiederholen Sie den gleichen Vorgang und bereiten Sie 23
   weitere Knödel zu

3. Um die Knödel zu kochen, kochen Sie Wasser in einer Pfanne
   mit tiefem Boden bei starker Hitze. Sobald das Wasser zu
   kochen beginnt, die Hitze köcheln lassen. Fetten Sie einen
   Bambusdämpfer leicht mit Kochspray ein und bestücken Sie
   jede Ebene mit vorbereiteten Teigtaschen.

4. Legen Sie jedes Stück so, dass sie sich nicht berühren und
   die Dämpfe leicht um jeden Knödel strömen können. Decken

Sie den Dampfgarer mit seinem Deckel ab und garen Sie ihn 14-15 Minuten lang.

32.   Himbeerknödel mit weißer Schokolade

Portionen: 4

Zutaten:

- 1/2 Pfund Himbeeren, fein gehackt

- 1 Tasse weißer Schokoladenaufstrich

- 24 runde Teigtaschen

Richtungen

1. Alle Zutaten bis auf die Wraps in einer Schüssel vermengen. Gut mischen und 1-2 Stunden kühl stellen.

2. Um Knödel zusammenzusetzen, 2 Teelöffel der vorbereiteten Füllung in die Mitte der Verpackung geben. Benetzen Sie den Rand der Verpackung mit einem Finger mit Wasser. Den Wrap halbieren und die Ränder verschließen. Beginnen Sie an einer Kante und drücken Sie weiter zur anderen Kante.

3. Wiederholen Sie den gleichen Vorgang und bereiten Sie 23 weitere Knödel zu

4. Um die Knödel zu kochen, kochen Sie Wasser in einer Pfanne mit tiefem Boden bei starker Hitze. Sobald das Wasser zu kochen beginnt, die Hitze köcheln lassen. Fetten Sie einen Bambusdämpfer leicht mit Kochspray ein und bestücken Sie jede Ebene mit vorbereiteten Teigtaschen. Decken Sie den

Dampfgarer mit seinem Deckel ab und garen Sie ihn 14-15 Minuten lang.

33.   Hakka-Nudelknödel

Portionen: 4

Zutaten:

- 2 Tassen übrig gebliebene Hakka-Nudeln, fein gehackt

- 2 Esslöffel Ingwer-Knoblauch-Paste

- 1 Teelöffel Maismehl

- 1 Teelöffel Zucker

- 1/2 Esslöffel dunkle Sojasauce

- 1 1/2 Esslöffel Olivenöl

- 1/2 Esslöffel Sesamöl

- Salz und Pfeffer nach Geschmack

- 24 runde Teigtaschen

Richtungen

1. Alle Zutaten bis auf die Wraps in einer Schüssel vermengen. Gut mischen und 1-2 Stunden kühl stellen.

2. Um Knödel zusammenzusetzen, 2 Teelöffel der vorbereiteten Füllung in die Mitte der Verpackung geben. Benetzen Sie den Rand der Verpackung mit einem Finger mit Wasser. Den Wrap halbieren und die Ränder verschließen. Beginnen Sie an einer Kante und drücken Sie weiter zur anderen Kante.

3. Wiederholen Sie den gleichen Vorgang und bereiten Sie 23 weitere Knödel zu

4. Um die Knödel zu kochen, kochen Sie Wasser in einer Pfanne mit tiefem Boden bei starker Hitze. Sobald das Wasser zu kochen beginnt, die Hitze köcheln lassen. Fetten Sie einen Bambusdämpfer leicht mit Kochspray ein und bestücken Sie jede Ebene mit vorbereiteten Teigtaschen. Legen Sie jedes Stück so, dass sie sich nicht berühren und die Dämpfe leicht um jeden Knödel strömen können. Decken Sie den Dampfgarer mit seinem Deckel ab und garen Sie ihn 14-15 Minuten lang.

5. Heiß mit dem Dip servieren.

34.　　　Griechische Joghurt-Mango-Knödel

Portionen: 4

Zutaten:

- 1/2 Pfund Mango, geschält und fein gehackt

- 1 Tasse griechischer Joghurt

- 1/4 Tasse Zucker

- 24 runde Teigtaschen

Richtungen

1. Alle Zutaten bis auf die Wraps in einer Schüssel vermengen.
   Gut mischen und 1-2 Stunden kühl stellen.

2. Um Knödel zusammenzusetzen, 2 Teelöffel der
   vorbereiteten Füllung in die Mitte der Verpackung geben.
   Benetzen Sie den Rand der Verpackung mit einem Finger mit
   Wasser. Den Wrap halbieren und die Ränder verschließen.
   Beginnen Sie an einer Kante und drücken Sie weiter zur
   anderen Kante.

3. Wiederholen Sie den gleichen Vorgang und bereiten Sie 23
   weitere Knödel zu

4. Um die Knödel zu kochen, kochen Sie Wasser in einer Pfanne mit tiefem Boden bei starker Hitze. Sobald das Wasser zu kochen beginnt, die Hitze köcheln lassen. Fetten Sie einen Bambusdämpfer leicht mit Kochspray ein und bestücken Sie jede Ebene mit vorbereiteten Teigtaschen. Legen Sie jedes Stück so, dass sie sich nicht berühren und die Dämpfe leicht um jeden Knödel strömen können. Decken Sie den Dampfgarer mit seinem Deckel ab und garen Sie ihn 14-15 Minuten lang.

5. Heiß servieren!

35.   Linsen-Tomaten-Knödel

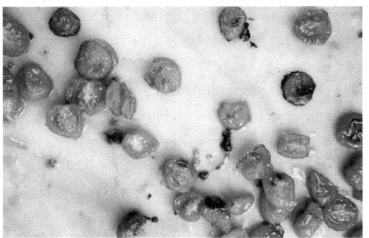

Portionen: 4

Zutaten:

1 Tasse gekochte Linsen, püriert

1 Tasse Tomaten, fein gehackt

2 Esslöffel Ingwer-Knoblauch-Paste

1 Teelöffel Maismehl

1 Teelöffel Zucker

1/2 Esslöffel dunkle Sojasauce

1 1/2 Esslöffel Olivenöl

1/2 Esslöffel Sesamöl

Salz und Pfeffer nach Geschmack

24 runde Teigtaschen

Richtungen

1. Alle Zutaten bis auf die Wraps in einer Schüssel vermengen.
    Gut mischen und 1-2 Stunden kühl stellen.

2. Um Knödel zusammenzusetzen, 2 Teelöffel der vorbereiteten Füllung in die Mitte der Verpackung geben. Benetzen Sie den Rand der Verpackung mit einem Finger mit Wasser. Den Wrap halbieren und die Ränder verschließen. Beginnen Sie an einer Kante und drücken Sie weiter zur anderen Kante.

3. Wiederholen Sie den gleichen Vorgang und bereiten Sie 23 weitere Knödel zu

4. Um die Knödel zu kochen, kochen Sie Wasser in einer Pfanne mit tiefem Boden bei starker Hitze. Sobald das Wasser zu kochen beginnt, die Hitze köcheln lassen. Fetten Sie einen Bambusdämpfer leicht mit Kochspray ein und bestücken Sie jede Ebene mit vorbereiteten Teigtaschen. Legen Sie jedes Stück so, dass sie sich nicht berühren und die Dämpfe leicht um jeden Knödel strömen können. Decken Sie den Dampfgarer mit seinem Deckel ab und garen Sie ihn 14-15 Minuten lang.

5. Heiß mit dem Dip servieren.

36.   Schokoladenmousse Knödel

Portionen: 4

Zutaten:

- 2 Tassen Schokoladenmousse

- 1 Esslöffel Maismehl

- 24 runde Teigtaschen

Richtungen

1. Alle Zutaten bis auf die Wraps in einer Schüssel vermengen.
   Gut mischen und 1-2 Stunden kühl stellen.

2. Um Knödel zusammenzusetzen, 2 Teelöffel der
   vorbereiteten Füllung in die Mitte der Verpackung geben.
   Benetzen Sie den Rand der Verpackung mit einem Finger mit
   Wasser. Den Wrap halbieren und die Ränder verschließen.
   Beginnen Sie an einer Kante und drücken Sie weiter zur
   anderen Kante.

3. Wiederholen Sie den gleichen Vorgang und bereiten Sie 23
   weitere Knödel zu

4. Um die Knödel zu kochen, kochen Sie Wasser in einer Pfanne
   mit tiefem Boden bei starker Hitze. Sobald das Wasser zu

kochen beginnt, die Hitze köcheln lassen. Fetten Sie einen Bambusdämpfer leicht mit Kochspray ein und bestücken Sie jede Ebene mit vorbereiteten Teigtaschen. Legen Sie jedes Stück so, dass sie sich nicht berühren und die Dämpfe leicht um jeden Knödel strömen können. Decken Sie den Dampfgarer mit seinem Deckel ab und garen Sie ihn 14-15 Minuten lang.

5. Heiß mit dem Dip servieren.

37. Tiramisu-Knödel

Portionen: 4

Zutaten:

- 2 Tassen Tiramisu

- 1 Esslöffel

- 24 runde Teigtaschen

Richtungen

1. Alle Zutaten bis auf die Wraps in einer Schüssel vermengen. Gut mischen und 1-2 Stunden kühl stellen.

2. Um Knödel zusammenzusetzen, 2 Teelöffel der vorbereiteten Füllung in die Mitte der Verpackung geben. Benetzen Sie den Rand der Verpackung mit einem Finger mit Wasser. Den Wrap halbieren und die Ränder verschließen. Beginnen Sie an einer Kante und drücken Sie weiter zur anderen Kante.

3. Wiederholen Sie den gleichen Vorgang und bereiten Sie 23 weitere Knödel zu

4. Um die Knödel zu kochen, kochen Sie Wasser in einer Pfanne mit tiefem Boden bei starker Hitze. Sobald das Wasser zu

kochen beginnt, die Hitze köcheln lassen. Fetten Sie einen Bambusdämpfer leicht mit Kochspray ein und bestücken Sie jede Ebene mit vorbereiteten Teigtaschen. Legen Sie jedes Stück so, dass sie sich nicht berühren und die Dämpfe leicht um jeden Knödel strömen können. Decken Sie den Dampfgarer mit seinem Deckel ab und garen Sie ihn 14-15 Minuten lang.

5. Heiß mit dem Dip servieren.

38. Chicken Tikka Dumplings

Portionen: 4

Zutaten:

- 1/2 Pfund vorgekochtes Chicken Tikka, gehackt

- 1 Tasse Zwiebel, fein gehackt

- 2 Esslöffel Ingwer-Knoblauch-Paste

- 1 Teelöffel Maismehl

- 1 Teelöffel Zucker

- 1/2 Esslöffel dunkle Sojasauce

- 1 1/2 Esslöffel Olivenöl

- 1/2 Esslöffel Sesamöl

- Salz und Pfeffer nach Geschmack

- 24 runde Teigtaschen

Richtungen

1. Alle Zutaten bis auf die Wraps in einer Schüssel vermengen. Gut mischen und 1-2 Stunden kühl stellen.

2. Um Knödel zusammenzusetzen, 2 Teelöffel der vorbereiteten Füllung in die Mitte der Verpackung geben.

Benetzen Sie den Rand der Verpackung mit einem Finger mit Wasser. Den Wrap halbieren und die Ränder verschließen. Beginnen Sie an einer Kante und drücken Sie weiter zur anderen Kante.

3. Wiederholen Sie den gleichen Vorgang und bereiten Sie 23 weitere Knödel zu

4. Um die Knödel zu kochen, kochen Sie Wasser in einer Pfanne mit tiefem Boden bei starker Hitze. Sobald das Wasser zu kochen beginnt, die Hitze köcheln lassen.

5. Fetten Sie einen Bambusdämpfer leicht mit Kochspray ein und bestücken Sie jede Ebene mit vorbereiteten Teigtaschen. Legen Sie jedes Stück so, dass sie sich nicht berühren und die Dämpfe leicht um jeden Knödel strömen können. Decken Sie den Dampfgarer mit seinem Deckel ab und garen Sie ihn 14-15 Minuten lang.

6. Heiß mit dem Dip servieren.

GEBÄCK UND BRÖTCHEN

39.   Trinidad Aloo Kartoffelkuchen

Zutaten

- Teig

- 12 Unzen. Kartoffeln

- $\frac{1}{4}$ Teelöffel Salz

- 3 Esslöffel Kokosöl

- $\frac{1}{4}$ Teelöffel Kreuzkümmel

- $\frac{1}{4}$ Teelöffel Bockshornkleesamen

- 3 Esslöffel Zwiebeln

- $\frac{1}{2}$ Esslöffel Knoblauch

- 1 Esslöffel Pimentpfeffer

- $1\frac{1}{2}$ Esslöffel Chadon Beni

- $\frac{1}{2}$ Teelöffel gemahlene Geera

- schwarzer Pfeffer

Richtungen

a) Schälen Sie die Kartoffeln und würfeln Sie sie in mittelgroße 1-Zoll-Würfel.

b) Legen Sie die Kartoffeln in einen mittelgroßen Topf mit gerade genug Wasser, um sie zu bedecken. Salz hinzufügen, die Pfanne abdecken und bei starker Hitze zum Kochen bringen. Kochen Sie für etwa 10 Minuten oder bis die Kartoffeln weich und zart sind.

c) Die Kartoffeln abseihen und sofort mit einem Kartoffelstampfer zerstampfen, bis sie leicht und locker sind. Beiseite legen.

d) Stellen Sie eine kleine Bratpfanne auf mittlere Hitze. Fügen Sie die 3 Esslöffel Kokosnussöl hinzu und streuen Sie, wenn es heiß ist, die Geera- und Maithe-Samen hinein, um sie 30 Sekunden lang zu rösten.

e) Fügen Sie Zwiebeln, Knoblauch, Pimentpaprika und Chadon Beni hinzu. 2 Minuten anbraten, bis sie weich sind.

f) Fügen Sie die Kartoffelpüree und das Geerapulver hinzu. Zum Einarbeiten gut mischen und eine Minute kochen lassen. Probieren Sie, um das Salz und den schwarzen Pfeffer zu überprüfen. Füllung beiseite stellen.

g) Den Teig in 8 Portionen teilen. Jedes zu einer Kugel rollen, abdecken und erneut 10 Minuten ruhen lassen. Nehmen Sie eine der Teigkugeln und breiten Sie sie mit Ihren Händen zu einem 5-Zoll-Kreis aus.

h) Nehmen Sie einen oder zwei Esslöffel der Kartoffel (Aloo)-Füllung und legen Sie sie auf eine Hälfte des Teigs.

i) Die andere Teighälfte zu einer nun halbkreisförmig gefüllten Teigtasche darüberklappen. Versiegeln Sie die Seiten, indem Sie mit Daumen und Zeigefinger drücken, und glätten Sie den Teig dann sanft, indem Sie ihn mit Ihren Handflächen zu einer größeren Tortenform drücken. Dadurch wird der Kuchen länger und die Füllung wird schließlich gleichmäßig darin verteilt.

j) Gießen Sie etwa 3 Tassen Nariel-Kokosnussöl in einen mittelgroßen Eisentopf und erhitzen Sie es auf 325 Grad Fahrenheit.

k) Legen Sie nach dem Erhitzen ein oder zwei Pasteten in das heiße Öl, um sie zu braten, und stellen Sie sicher, dass Sie die Oberseite des Teigs mit einem Löffel mit heißem Öl bestreichen. Dies hilft dem Kuchen, gleichmäßig zu backen und aufzublähen.

l) Etwa 2 Minuten auf jeder Seite braten oder bis sie goldbraun sind.

m) Legen Sie die Pasteten auf Papierservietten, um überschüssiges Öl aufzusaugen.

n) Genießen Sie die Pasteten, indem Sie sie aufschneiden und mit Tamarinden-Chutney oder sogar Pfeffersauce beträufeln.

40.   Selbstgemachtes Toastergebäck

Portionen: 8 Gebäck

Zutaten

Für die Kruste:

- 438 Gramm (3 Tassen) Allzweckmehl

- 1 Teelöffel koscheres Salz

- 1 Esslöffel Zucker

- 260 Gramm ungesalzene Butter, kalt, in Würfel geschnitten

- 3 bis 6 Esslöffel Eiswasser

Für die Füllung:

- Etwa 12 Esslöffel Erdbeeraufstrich

- Ei waschen: 1 großes Ei mit 1 Esslöffel Wasser vermischt

Richtungen

a) Machen Sie den Teig: Kombinieren Sie in einer großen Schüssel das Allzweckmehl, den Zucker und das Salz. Die kalten Butterwürfel verteilen und die Butter mit den Fingern (oder einem Ausstecher) in die Mehlmischung einarbeiten, bis sie einem groben Grieß ähnelt. Sie können dies auch in einer Küchenmaschine tun.

b) Beginnen Sie, einen Esslöffel nach dem anderen mit kaltem Wasser zu beträufeln, während Sie die Mischung mischen und mit einem Gummispatel andrücken, bis sich ein Teig bildet. Dann den Teig zu einer großen Kugel formen und in zwei Teile teilen. Drücken Sie jede Hälfte in eine Scheibe.

c) Rollen Sie jede Scheibe auf einer leicht bemehlten Oberfläche zu einem 8 x 12 Zoll großen Rechteck mit einer Dicke von etwa 1/8 Zoll. Schneiden Sie das Rechteck ab, entfernen Sie den überschüssigen Teig oder sparen Sie sich, um später mehr Gebäck zu rollen und zu schneiden. Schneiden Sie jedes Rechteck an der langen Seite in 4 Rechtecke. Wiederholen Sie dies mit der zweiten Scheibe.

d) Stellen Sie das Toastergebäck zusammen: Legen Sie einen gehäuften Esslöffel Erdbeeraufstrich in die Mitte des unteren Teils jedes Rechtecks und lassen Sie einen $\frac{1}{2}$-Zoll-Rand um ihn herum. Mit Eigelb bestreichen, dann vorsichtig über den oberen Teil klappen und mit den Fingern auf die Ränder drücken, um sie fest zu verschließen.

e) Legen Sie die Toastergebäcke auf ein mit Backpapier ausgelegtes Backblech und stellen Sie sie für 10 Minuten in den Gefrierschrank (oder für 1 Stunde in den Kühlschrank), damit sie fest werden.

f) Ofen auf 375°F vorheizen.

g) Backen: Backen Sie das Gebäck für 20-30 Minuten oder bis es goldbraun ist. Lassen Sie sie 5 Minuten lang abkühlen und legen Sie sie dann auf ein Kühlregal, damit sie vor dem Glasieren vollständig abkühlen können.

41.   Bagel-Hunde

Portionen 6

Zutaten

- 3/4 Tasse warmes Wasser

- 1 1/2 Teelöffel Zucker

- 1 Päckchen aktive Trockenhefe (2 1/4 Teelöffel)

- 1 Teelöffel koscheres Salz

- 2 1/4 Tassen Allzweckmehl

- 1 EL Butter geschmolzen

- 6 Hotdogs

- 12 Tassen) Wasser

- 2 Esslöffel Backpulver

- 1 Ei geschlagen

- optional: Toppings wie Sesam, Mohn, getrocknete Zwiebeln oder grobes Salz

Richtungen

a) Mischen Sie warmes Wasser, Zucker und Hefe in der Schüssel einer Küchenmaschine. Lassen Sie die Mischung 5 Minuten ruhen oder bis die Hefe zu sprudeln beginnt.

b) Mehl, Salz und Butter zur Hefemischung geben. Stellen Sie die Schüssel auf einen Standmixer, der mit dem Knethaken ausgestattet ist. Mischen Sie den Teig bei mittlerer Geschwindigkeit etwa 5 Minuten lang, bis der Teig eine Kugel bildet, die sich von den Seiten der Schüssel löst. Wenn der Teig etwas trocken erscheint, fügen Sie etwas mehr Wasser hinzu (jeweils 1/4 Teelöffel).

c) Entfernen Sie die Teigkugel aus der Schüssel; Besprühen Sie die Schüssel mit Kochspray und geben Sie den Teig zurück in die Schüssel. Mit Plastikfolie abdecken.

d) Stellen Sie die Schüssel an einen warmen Ort, bis sich der Teig verdoppelt hat, etwa 1 Stunde.

e) Ofen auf 450 Grad vorheizen. Legen Sie ein Backblech mit einer Silikonbackmatte oder Pergamentpapier aus.

f) In einem großen Topf die 12 Tassen Wasser und Natron vermischen und zum Kochen bringen. Ich finde, dass ein tieferer Topf am besten funktioniert, um zu verhindern, dass die Hunde am Boden kleben bleiben.

g) Den Teig auf eine bemehlte Fläche geben und in gleich große Stücke teilen. Jedes Stück sollte etwa 3 Unzen sein.

h) Rollen Sie jedes Stück Teig zu einem etwa 10-12 Zoll langen Strang. Wickeln Sie den Teig um jeden Hot Dog und drücken Sie die Enden des Teigs zusammen, um ihn zu versiegeln. Legen Sie die Hot Dogs auf die ausgelegte Blechpfanne.

i) Tauchen Sie jeden Hot Dog mit einem geschlitzten Löffel oder einem flachen Sieb 30 Sekunden lang pro Seite in das kochende Backpulver. Legen Sie jeden Hot Dog wieder auf die Blechpfanne.

j) Die Bagel Dogs mit dem verquirlten Ei bestreichen. An dieser Stelle können Sie Bagel-Toppings hinzufügen, wenn Sie möchten. Backen, bis sie tief goldbraun sind, etwa 15 Minuten.

42.   Wurst Kolaches

Zutaten

Ergibt 8 Gebäck

- 1 Tasse Vollmilch

- 8 Esslöffel (1 Stick) ungesalzene Butter

- 1 Esslöffel (1 Päckchen) aktive Trockenhefe

- 1/4 Tasse Zucker

- 1/2 Teelöffel koscheres Salz

- 3 1/2 bis 4 Tassen Allzweckmehl

- 2 Esslöffel Pflanzenöl

- 2 Eigelb

- 1/2 Tasse (2 Unzen) geriebener Cheddar-Käse

- 2 ganze eingelegte Jalapeños, in 16 Scheiben geschnitten (optional)

- 1 Pfund geräucherte Kielbasa-Wurst, in 8 (2 Zoll) Stücke geschnitten

Richtungen

a) Bei mittlerer Hitze die Milch und 4 Esslöffel Butter erwärmen, bis die Milch gerade zu dampfen beginnt, aber nicht kocht und die Butter geschmolzen ist. Von der Hitze nehmen.

b) In einer großen Rührschüssel Hefe, Zucker, Salz und 1 1/2 Tassen Mehl verquirlen. Mit der warmen Milchmischung aufgießen und rühren, bis ein klebriger Teig entstanden ist. Den Teig abdecken und 30 Minuten ruhen lassen.

c) In der Zwischenzeit Öl und Eigelb verquirlen. Gießen Sie die Eier in die Mehlmischung und mischen Sie sie, bis sie vollständig eingearbeitet sind. Rühren Sie langsam genug von den restlichen 2 bis 2 1/2 Tassen Mehl ein, bis der Teig zusammenkommt und weich, aber nicht klebrig ist. Den Teig auf eine bemehlte Oberfläche geben und etwa 10 Minuten lang kneten, oder bis er glatt ist.

d) Den gekneteten Teig in eine leicht geölte Schüssel geben und abdecken. Etwa 1 Stunde gehen lassen, bis sich die Größe verdoppelt hat.

e) Ein Backblech einfetten oder mit Pergamentpapier auslegen. Nachdem der Teig aufgegangen ist, schlagen Sie ihn durch und teilen Sie ihn in 8 gleich große Stücke. Rollen Sie die Teigstücke in Ihren Händen zu Kugeln und drücken Sie sie dann zu Scheiben mit einem Durchmesser von 4 Zoll flach. In die Mitte jedes Teigstücks 1/2 Esslöffel Cheddar-Käse, 2 Jalapeño-Scheiben und ein Stück Wurst geben. Falten Sie eine Seite des Teigs über die andere und rollen Sie ihn auf, dann versiegeln Sie ihn, indem Sie ihn auf allen Seiten zusammendrücken. Mit der Nahtseite nach unten im Abstand von 1 cm auf das Backblech legen. Abdecken und weitere 45 Minuten gehen lassen.

f) Ofen auf 375°F vorheizen.

g) Die restlichen 4 Esslöffel Butter schmelzen. Die Oberseite der Klobasneks mit der Hälfte der geschmolzenen Butter bestreichen. Ohne Deckel 15 bis 18 Minuten backen oder bis sie leicht gebräunt sind. Nachdem Sie sie aus dem Ofen genommen haben, bestreichen Sie jeden Klobasnek mit der restlichen geschmolzenen Butter. Warm servieren.

43.   Gelee Donuts

Ergibt 16 Donuts

Zutaten

- 2 Packungen (je 1/4 Unze) aktive Trockenhefe

- 1/2 Tasse warmes Wasser (110° bis 115°)

- 1/2 Tasse warme 2%ige Milch (110° bis 115°)

- 1/3 Tasse Butter, weich

- 1-1/3 Tassen Zucker, geteilt

- 3 große Eigelb, Raumtemperatur

- 1 Teelöffel Salz

- 3 bis 3-3/4 Tassen Allzweckmehl

- 3 Esslöffel Gelee oder Marmelade

- 1 großes Eiweiß, leicht geschlagen

- Öl zum Frittieren

Richtungen

a) In einer kleinen Schüssel Hefe in warmem Wasser auflösen. Kombinieren Sie in einer großen Schüssel Milch, Butter, 1/3 Tasse Zucker, Eigelb, Salz, Hefemischung und 3 Tassen

Mehl; glatt schlagen. So viel restliches Mehl einrühren, dass ein weicher Teig entsteht (nicht kneten).

b) In eine gefettete Schüssel geben und einmal wenden, um die Oberseite einzufetten. Zugedeckt an einem warmen Ort etwa 45 Minuten gehen lassen, bis er sich verdoppelt hat.

c) Teig zusammenschlagen. Auf eine leicht bemehlte Oberfläche drehen; etwa 10 mal kneten. Teig halbieren.

d) Rollen Sie jede Portion auf 1/4-Zoll. Dicke; geschnitten mit einem bemehlten 2-1 / 2-in. runder schneider. Legen Sie etwa 1/2 Teelöffel Gelee in die Mitte der Hälfte der Kreise; Ränder mit Eiweiß bepinseln. Top mit restlichen Kreisen; Drücken Sie die Kanten fest, um sie fest zu verschließen.

e) Auf ein gefettetes Backblech legen. Abdecken und etwa 45 Minuten gehen lassen, bis er sich verdoppelt hat.

f) Öl in einer elektrischen Pfanne oder Fritteuse auf 375° erhitzen. Braten Sie Donuts, ein paar auf einmal, 1-2 Minuten auf jeder Seite oder bis sie goldbraun sind. Auf Küchenpapier abtropfen lassen. Warme Donuts in restlichem Zucker wälzen.

44.　　　Kohlrouladen

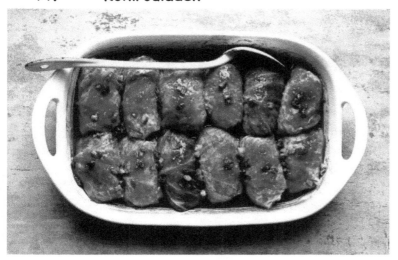

Marken: 16 bis 24

Zutaten:

- 1 großer Kohlkopf (ca. 3 Pfund) – oder 2 kleinere Köpfe verwenden

- 1 Esslöffel Olivenöl

- 1 Tasse gewürfelte Zwiebel

- 2 Knoblauchzehen, gehackt

- 2 große Champignons, fein gewürfelt – 1 1/2 Tassen (optional)

- 1 Pfund gemahlenes Lendenstück

- 3/4 Tasse ungekochter Langkornreis (braun oder weiß)

- 1/4 Tasse gehackte Petersilie

- 1 Tasse Pomi passierte Tomaten oder Tomatenpüree aus der Dose

- 1 1/2 Teelöffel Salz

- Pfeffer nach Geschmack

- 3/4 Tasse Flüssigkeit

Richtungen

a) Einen großen Topf mit Wasser zum Kochen bringen. Aus dem Kohl den Kern herausschneiden und mit der Kernseite nach unten in kochendes Wasser legen. Abdecken und 10 Minuten köcheln lassen.

b) Während der Kohl köchelt, Öl in einer Pfanne bei mittlerer Hitze erhitzen und Zwiebel und Knoblauch 3-5 Minuten anbraten, bis sie gebräunt sind. Pilze hinzufügen und weitere 2 Minuten kochen. Die Mischung zum Abkühlen in eine große Schüssel geben.

c) Kohl auf ein umrandetes Backblech legen, Wasser im Topf lassen. Entfernen Sie vorsichtig die Blätter vom Kohl und schneiden Sie den Strunk mit einem kleinen Messer ab. Legen Sie die besten 16 ungebrochenen Blätter beiseite und schneiden Sie den dicken Rücken in der Mitte ab, um das Rollen zu erleichtern. Legen Sie alle restlichen zerbrochenen oder kleinen Kohlblätter beiseite.

d) Ofen auf 350° F vorheizen.

e) Zu der abgekühlten Zwiebelmischung Fleisch, ungekochten Reis, Petersilie, Tomate, Salz und Pfeffer hinzufügen. Gut kombinieren.

f) Geben Sie etwa 1/4 Tasse Füllung in jedes Blatt, rollen Sie es auf und legen Sie es mit der Naht nach unten in eine 13 x

9-Zoll-Pfanne. Flüssigkeit über die Brötchen gießen und einige Blätterreste darauf legen. Pfanne fest mit Folie abdecken und 1 1/2 Stunden backen.

g)   Aus dem Ofen nehmen und 30 Minuten oder noch besser ruhen lassen, abkühlen lassen und über Nacht in den Kühlschrank stellen. (Sie lassen sich gut einfrieren.)

45.　　　Hausgemachte Eierbrötchen

Portionen 12

Zutaten

- 2 Teelöffel Pflanzenöl

- 3/4 Pfund Hackfleisch

- Salz und Pfeffer nach Geschmack

- 1 Teelöffel gehackter Knoblauch

- 1 Teelöffel gehackter Ingwer

- 3 Tassen Krautsalat-Mischung

- 1/4 Tasse geschnittene Frühlingszwiebeln

- 1 Esslöffel Sojasauce

- 1 Teelöffel geröstetes Sesamöl

- 12 Frühlingsrollenverpackungen

- 1 Ei geschlagen

- Öl zum braten

Richtungen

a) Erhitzen Sie die 2 Teelöffel Pflanzenöl in einer großen Pfanne bei mittlerer Hitze. Das Hackfleisch dazugeben und mit Salz und Pfeffer würzen.

b) Garen, das Schweinefleisch mit einem Pfannenwender zerkleinern, bis das Fleisch gebräunt und durchgegart ist. Fügen Sie Knoblauch und Ingwer hinzu und kochen Sie alles 30 Sekunden lang.

c) Krautsalatmischung und Frühlingszwiebeln unterrühren. Kochen, bis der Kohl zusammengefallen ist, etwa 3-4 Minuten.

d) Sojasauce und Sesamöl einrühren, dann vom Herd nehmen.

e) Geben Sie etwa 2-3 Esslöffel Füllung auf jede Frühlingsrollenhülle und falten Sie sie gemäß den Anweisungen auf der Verpackung, wobei Sie das geschlagene Ei verwenden, um die Ränder der Hüllen zu versiegeln, während Sie gehen.

f) Gießen Sie 2-3 Zoll Öl in einen tiefen Topf.

g) Erhitzen Sie das Öl auf 350 Grad. 3-4 Eierbrötchen auf einmal braten, gelegentlich wenden, bis sie überall gebräunt sind, etwa 3-5 Minuten.

h) Auf Küchenpapier abtropfen lassen und mit einem Dip nach Wahl servieren.

46.　　Vorspeise Eierbrötchen

Ausbeute: 8 Portionen

Zutat

- ½ Pfund Schweinefleisch; Ohne Knochen, Cut Julienne

- je 1 Zwiebel; Klein, geschnitten

- 1 Tasse Kohl; Grün oder Chinesisch

- 2 Esslöffel Pflanzenöl

- ½ Tasse Pilze; Geschnitten

- ¼ Tasse Sprossen; Bohne oder Alfalfa

- ¼ Tasse Johannisbeeren

- ¼ Tasse Aprikosen; Getrocknet

- ¼ Tasse Zucker

- 1 Teelöffel Ingwer

- ¼ Tasse Mandeln; Gesplittert

- 1 Teelöffel Maisstärke

- 2 Esslöffel Sherry; Trocken

- 1 Esslöffel Sojasauce

- $\frac{1}{2}$ Teelöffel Ingwer

- 12 Frühlingsrollenverpackungen

- Öl zum Frittieren

- $\frac{1}{4}$ Teelöffel Salz

- 1 Esslöffel Zitronensaft

Richtungen

a) Schweinefleisch, Zwiebel und Kohl in heißem Öl anbraten, bis sie leicht gebräunt sind. Pilze, Sojasprossen, Johannisbeeren und Mandeln unterrühren und unter Rühren 1 Minute anbraten. Die Maisstärke in 2 EL Wasser auflösen und mit Sherry, Sojasauce und Ingwer mischen; zur Schweinefleischmischung geben und unter Rühren zum Kochen bringen.

b) Vom Herd nehmen und abkühlen. Stapeln Sie die Frühlingsrollenhüllen und schneiden Sie sie in zwei Hälften, um Rechtecke zu bilden.

c) Jeweils eine Rolle formen, einen gehäuften Teelöffel Schweinefleischmischung auf ein Ende des Rechtecks geben, die langen Kanten anfeuchten und aufrollen.

d) Zum Versiegeln die Ränder zusammendrücken. Frühlingsrollen können bis zu diesem Punkt zubereitet und dann vor dem Braten mehrere Stunden oder über Nacht gekühlt oder mehrere Tage eingefroren werden.

e) Passen Sie die Bräunungszeit an. Gefrorene Brötchen vor dem Garen auftauen lassen. Erhitzen Sie das Öl auf 375 Grad F. und braten Sie die Frühlingsrollen, 4 oder 5 auf einmal, bis sie goldbraun und knusprig auf allen Seiten sind. Das Braten dauert etwa 4 bis 5 Minuten; Brötchen einmal wenden. Auf Küchenpapier abtropfen lassen und warm halten, während die restlichen Brötchen frittiert werden.

f) Mit warmer Ingwer-Aprikosen-Sauce servieren. INGWER-APRIKOSEN-SAUCE: Aprikosen, Zucker, Ingwer und Salz mit $\frac{3}{4}$ Tasse Wasser in einem kleinen Topf mischen und zum Kochen bringen. Hitze reduzieren und ohne Deckel 5 Minuten köcheln lassen. Gießen Sie die Mischung in einen Mixbehälter oder eine Küchenmaschine.

47.   Americana-Bananenrolle

Ausbeute: 4 Portionen

Zutat

- 1 Tasse gesiebtes Kuchenmehl

- $\frac{1}{2}$ Teelöffel Backpulver

- $\frac{1}{8}$ Teelöffel Backpulver

- $\frac{1}{8}$ Teelöffel Salz

- 1 großes Ei, Raumtemperatur

- $\frac{1}{2}$ Tasse (1 große) zerdrückte reife Banane

- 1 Esslöffel Sauerrahm

- 1 Teelöffel Zitronenschale

- $5\frac{1}{2}$ Esslöffel Ungesalzene Butter

- $\frac{1}{2}$ Tasse Kristallzucker

Richtungen

a) Rost im unteren Drittel des Ofens positionieren; Backofen auf 375 Grad vorheizen.

b) Fetten Sie mit einem Papiertuch einen kleinen Bereich in der Mitte eines 12 x 15½ x ½ Zoll großen Backblechs leicht mit festem Fett ein und kleiden Sie die Pfanne mit Folie aus, wobei Sie an jedem kurzen Ende einen 2-Zoll-Überstand lassen (den Klecks Fett). hält die Folie fest). Fetten Sie die Folie leicht mit Backfett ein und bestreuen Sie sie mit Allzweckmehl. Schütteln Sie die Pfanne, um das Mehl zu verteilen, und klopfen Sie überschüssiges Mehl aus.

c) Gießen Sie Mehl, Natron, Backpulver und Salz in dieser Reihenfolge in das Dreifachsieb oder Sieb. Auf ein Blatt Wachspapier sieben, um die Zutaten zu verteilen; beiseite legen. Schlagen Sie das Ei in eine kleine Schüssel und schlagen Sie kurz, um das Eigelb und das Eiweiß zu kombinieren. Kombinieren Sie die zerdrückte Banane, saure Sahne und Zitronenschale in einer kleinen Schüssel; beiseite legen.

d) Gib die Butter in die Schüssel eines Hochleistungsmixers. Schlagen Sie die Butter mit dem Flachrührer bei mittlerer Geschwindigkeit 30 bis 45 Sekunden lang auf, oder bis sie glatt und heller ist.

e) Unter Beibehaltung der gleichen Geschwindigkeit den Zucker in einem stetigen Strahl hinzufügen. Stoppen Sie dann den Mixer und kratzen Sie die Mischung, die an den Seiten in die Mitte der Schüssel geschleudert wird.

f) Weiter mit der gleichen Geschwindigkeit cremen, bis die Mischung eine helle Farbe und ein lockeres Aussehen hat (ca. 3 bis 4 Minuten).

g) Während der Mixer noch auf mittlerer Geschwindigkeit steht, gießen Sie das Ei hinein, zunächst sehr vorsichtig, als ob Sie Öl hinzufügen würden, wenn Sie Mayonnaise zubereiten. Weitere 1 bis 2 Minuten weitercremen, dabei mindestens einmal die Seiten der Schüssel abkratzen. Wenn die Mischung ziemlich locker ist und an Volumen zugenommen hat, nehmen Sie den Rührbesen und die Schüssel ab. Klopfen Sie mit dem Rührbesen gegen den Rand der Schüssel, um den Überschuss zu lösen.

h) Heben Sie mit Hilfe eines Metallspatels die Hälfte der Mehlmischung heraus und streuen Sie sie über die cremige Mischung. Rühren Sie es mit einem Gummispatel ein. Fügen Sie dann die pürierte Bananenmischung hinzu und rühren Sie um, um sie zu vermischen.

i) Kratzen Sie die Seiten der Schüssel mit jeder Zugabe ab. Die restliche Mehlmischung hinzufügen und glatt rühren.

j) Schaufeln Sie den dicken Teig auf fünf verschiedene Bereiche über zwei Drittel des vorbereiteten Backblechs. Mit einem Metallspatel den Teig verteilen und überziehen, sodass er zwei Drittel des Blechs bedeckt. Erweitern Sie es nun in einer möglichst gleichmäßigen Schicht auf den Rest des Blattes.

k) 8 bis 10 Minuten backen oder bis der Kuchen leicht goldbraun ist, sich die Seiten vom Metall zusammenziehen und der Kuchen zurückspringt, wenn man ihn in der Mitte leicht berührt. Nimm die Pfanne aus dem Ofen.

l) Lösen Sie mit einem dickköpfigen Messer vorsichtig alle Teile des Kuchens, die an den langen Seiten der Pfanne haften. Ziehen Sie die Folienüberhänge nacheinander nach oben, um die Folie von den Rändern der Pfanne zu lösen. Lösen Sie schließlich die Folie vom Boden der Pfanne, indem Sie die Klappen vorsichtig anheben, und legen Sie sie zum Abkühlen auf ein großes Gitter.

m) Legen Sie ein Blatt Folie über den Kuchen und handhaben Sie die Folie wie ein Zelt (dies hält die Feuchtigkeit beim Abkühlen, verhindert aber das Anhaften am Kuchen). 30 Minuten abkühlen.

48.   Mandelspitzenrollen

Ausbeute: 1 Portionen

Zutat

- $\frac{3}{4}$ Tasse Unblanchierte Mandeln

- $\frac{1}{2}$ Tasse Butter

- $\frac{1}{2}$ Tasse) Zucker

- 1 Esslöffel (gerundetes) Mehl

- 1 Esslöffel Sahne

- 1 Esslöffel Milch

Richtungen

a) Diese Cookies erfordern präzises Timing und schnelles Handeln, aber die Ergebnisse sind die Mühe wert. Ich mache sie für Feiertage und besondere Anlässe, aber sie schmecken zu jeder Zeit.

b) Backofen auf 350° vorheizen. Backblech mit Butter und Mehl.

c) Alle Zutaten in eine kleine, schwere Pfanne geben. Bei schwacher Hitze unter ständigem Rühren kochen, bis die Butter schmilzt. Teelöffelweise auf das Backblech tropfen.

d) Bei 350° 7-9 Minuten backen. Die Kekse sollten nur leicht braun sein und in der Mitte noch Blasen werfen. Nur etwa eine Minute abkühlen lassen, bis der Rand fest genug ist, um ihn mit einem dünnen Spatel anzuheben. Dann schnell arbeiten, Kekse anheben und mit der Oberseite nach unten auf Papiertücher legen. Rollen Sie über den Griff eines Holzlöffels, um eine Zylinderform zu erhalten, und lassen Sie es abkühlen, bis es knusprig ist.

e) Verwenden Sie für jedes Backen ein frisches Keksblech, um zu vermeiden, dass Kekse am Blech haften bleiben. Wenn die Kekse zu fest werden, um über den Löffelstiel zu rollen, stellen Sie sie für einige Momente wieder in den Ofen.

f) Kekse in einer luftdichten Keksdose oder Dose aufbewahren. Sie sind lange haltbar und können gut vor der Weihnachtszeit zubereitet werden.

49.   Truthahnrolle aus Acapulco

Ausbeute: 4 Portionen

Zutat

- 4 Unzen mageres Putenhackfleisch

- $1\frac{1}{2}$ Teelöffel Chilipulver

- 1 große Knoblauchzehe, gehackt

- 2 Esslöffel Salsa (

- Salz und Pfeffer nach Geschmack

- 4 kleine Vollkorntortillas

- $\frac{1}{4}$ Tasse Diät-Mayonnaise

- 2 Tassen Gedämpfte Brokkoliröschen

- 4 Unzen Geschredderter fettarmer Mozzarella

- Oder anderen fettarmen Käse

- Zusätzliche Salsa

Richtungen

a) In einer kleinen Schüssel Truthahn, Chilipulver, Knoblauch und Salsa gründlich mischen.

b) In einer mittelgroßen Pfanne mit Antihaftbeschichtung die Putenmischung bei mittlerer Hitze rühren, bis sie gar ist. Mit Salz und Pfeffer abschmecken. Cool.

c) Tortillas mit Diätmayonnaise bestreichen.

d) Truthahn, Brokkoli und Käse auf Tortillas verteilen. Mit extra Salsa garnieren und aufrollen, um die Füllung einzuschließen. Rolle diagonal halbieren.

GEFÜLLTE TEIGWAREN

50. Rindfleisch-Cannelloni

Zutaten

- 1 kg mageres Hackfleisch

- 1 Esslöffel Olivenöl

- 1 große Zwiebel, fein gehackt

- 4 Knoblauchzehen, zerdrückt

- 2 x 660 g Gläser Passata mit Basilikum

- große Prise Puderzucker

- 400 g getrocknete Cannelloni-Röhrchen

- Für den Belag

- 50 g Butter

- 50 g normales Mehl

- 600 ml Vollmilch

- 140g Weichkäse mit Knoblauch und Kräutern

- 140 g Parmesan, gerieben

Richtungen

a) Für die Füllung das Rindfleisch in einer beschichteten
   Pfanne bei mittlerer Hitze trocken braten und mit einem
   Holzlöffel zerkleinern, bis es gebräunt ist – etwa 10

Minuten. Herausnehmen und beiseite stellen. Fügen Sie das Öl hinzu und kochen Sie die Zwiebel 5 Minuten lang, bis sie weich ist. Fügen Sie den Knoblauch noch 1 Minute hinzu, kippen Sie dann das Rindfleisch und 1½ Gläser Passata-Sauce und den Zucker hinein. 20 Minuten köcheln lassen, während Sie die weiße Soße zubereiten.

b) Butter in einer kleinen Pfanne erhitzen. Beim Aufschäumen das Mehl 1 Minute einrühren. Die Milch nach und nach unter ständigem Rühren hinzugeben, bis eine klumpenfreie Sauce entsteht, dann 2 Minuten unter Rühren köcheln lassen. Vom Herd nehmen und den Weichkäse mit Gewürzen einrühren, bis er sich aufgelöst hat. Mit Frischhaltefolie abgedeckt beiseite stellen, damit sich keine Haut bildet.

c) Zum Anrichten die restliche Tomatensauce auf den Boden von 2-3 großen Backformen oder 12 einzelnen ofenfesten Formen oder Folienbehältern gießen.

d) Das Rindfleisch mit einem Teelöffel in die Cannelloni-Röhrchen geben und auf die Sauce legen. Mit der weißen Sauce aufgießen, dann mit Parmesan bestreuen. Bei Gefrieren abkühlen lassen, dann gut in Frischhaltefolie eingewickelt einfrieren. Zum sofortigen Verzehr Ofen auf 200°C/180°C Umluft/Gas Stufe 6 vorheizen und 40-45 Minuten garen, bis die Nudeln weich und goldgelb sind.

e) Gefrorene Cannelloni gut auftauen, dann wie oben 50-55 Minuten garen (oder siehe Tipp).

51.   Casoncelli

Zutaten

Nudelteig

- 400 g normales Mehl
- 4 mittelgroße Eier

Füllung

- 1 Esslöffel ungesalzene Butter
- 150 g Wurstbrät oder Hacksalami
- 100 g übrig gebliebenes Roastbeef, gehackt
- 120 g Semmelbrösel
- 1 mittelgroßes Ei
- 70 g Grana Padano, gerieben
- 10 g Amaretti-Kekse (ca. 3), zerkleinert
- 10 g Rosinen, eingeweicht
- feines Meersalz
- frisch gemahlener schwarzer Pfeffer

Soße

- 80 g ungesalzene Butter

- 80 g Pancetta, gewürfelt oder in dünne Streifen geschnitten

- 4 Salbeiblätter

- 80 g Grana Padano, gerieben

Richtungen

a) Beginnen Sie mit der Zubereitung des Nudelteigs. Auf einer Arbeitsfläche eine Mulde mit dem Mehl formen und die Eier darin aufschlagen. Die Eier mit der Gabel schlagen, dabei das Mehl nach und nach einarbeiten, bis sich Teigklumpen bilden

b) Fahren Sie mit den Händen fort und kneten Sie den Teig, bis Sie eine glatte, elastische Kugel haben. Zu einer Scheibe flach drücken, in Frischhaltefolie wickeln und eine halbe Stunde im Kühlschrank ruhen lassen

c) In der Zwischenzeit die Füllung zubereiten. Braten Sie das Wurst- oder Salamifleisch mit der Butter bei mittlerer Hitze an, fügen Sie dann das Roastbeef hinzu und kochen Sie es einige Minuten lang unter häufigem Rühren, damit sich die Aromen verbinden können. In eine Schüssel umfüllen, dann die Semmelbrösel, das Ei, den geriebenen Grana Padano, die zerkleinerten Amaretti und die ausgepressten und gehackten Rosinen hinzufügen. Mit Salz und Pfeffer würzen und verrühren

d) Den Nudelteig in drei Teile teilen und mit einer Nudelmaschine ausrollen – normalerweise höre ich bei der vorletzten Stufe auf. Mit einem runden 7-8 cm Ravioli-Ausstecher so viele Teigkreise wie möglich ausstechen

e) Geben Sie einen Teelöffel der Füllung in die Mitte jedes Kreises und falten Sie ihn dann vorsichtig zu einem Halbmond zusammen. Die Ränder mit einer Gabel zusammendrücken

f) Einen großen Topf mit gesalzenem Wasser zum Kochen bringen. In der Zwischenzeit in einer Pfanne bei mittlerer Hitze die Butter für die Sauce schmelzen. Pancetta und Salbei hinzugeben und einige Minuten braten, bis sie knusprig sind

g) Die Casoncelli einige Minuten in kochendem Wasser kochen, bis sie oben schwimmen. Mit einer Schaumkelle abtropfen lassen und mit der Butter-Pancetta-Sauce in die Pfanne geben. 30 Sekunden lang anbraten, bis es gleichmäßig angezogen ist

h) Sofort servieren und mit geriebenem Grana Padano bestäuben

52.   Tortellini mit Orangensauce

Ergibt 4 Portionen

Zutaten:

- 1 Esslöffel Olivenöl
- 2 Knoblauchzehen, fein gehackt
- 1 Tasse fester Tofu, abgetropft und zerkrümelt
- $\frac{3}{4}$ Tasse gehackte frische Petersilie
- $1/4$ Tasse veganer Parmesan oderParmasio
- Salz und frisch gemahlener schwarzer Pfeffer
- 1Nudelteig ohne Ei
- 21/2 Tassen Marinara-Sauce
- Schale von 1 Orange
- $1/2$ Teelöffel zerstoßener roter Pfeffer
- $1/2$ Tasse Sojasahne oder einfache ungesüßte Sojamilch

Richtungen:

a) In einer großen Pfanne das Öl bei mittlerer Hitze erhitzen. Fügen Sie den Knoblauch hinzu und kochen Sie ihn etwa 1 Minute lang, bis er weich ist. Tofu, Petersilie, Parmesan sowie Salz und schwarzen Pfeffer nach Geschmack einrühren.

b) Mischen, bis alles gut vermischt ist. Zum Abkühlen beiseite stellen.

c) Für die Tortellini den Teig dünn ausrollen (ca. 1/8 Zoll) und in 21/2-Zoll-Quadrate schneiden. Legen Sie einen Teelöffel der Füllung knapp außerhalb der Mitte und falten Sie eine Ecke des Nudelquadrats über die Füllung, um ein Dreieck zu bilden.

d) Drücken Sie die Kanten zusammen, um sie zu versiegeln, wickeln Sie dann das Dreieck mit der Spitze nach unten um Ihren Zeigefinger und drücken Sie die Enden zusammen, damit sie haften. Falten Sie die Spitze des Dreiecks nach unten und gleiten Sie von Ihrem Finger. Auf einem leicht bemehlten Teller beiseite stellen und mit dem restlichen Teig und der Füllung fortfahren.

e) Kombinieren Sie in einem großen Topf die Marinara-Sauce, die Orangenschale und den zerkleinerten roten Pfeffer. Erhitzen, bis es heiß ist, dann den Sojasahne einrühren und bei sehr schwacher Hitze warm halten.

f) In einem Topf mit kochendem Salzwasser die Tortellini etwa 5 Minuten garen, bis sie oben schwimmen. Gut abtropfen lassen und in eine große Servierschüssel geben. Fügen Sie die Sauce hinzu und schwenken Sie sie vorsichtig, um sie zu kombinieren. Sofort servieren.

53. Artischocken-Walnuss-Ravioli

Ergibt 4 Portionen

Zutaten:

- $1/3$ Tasse plus 2 Esslöffel Olivenöl
- 3 Knoblauchzehen, gehackt
- 1 (10-Unzen) Packung gefrorener Spinat, aufgetaut und trocken gepresst
- 1 Tasse gefrorene Artischockenherzen, aufgetaut und gehackt
- $1/3$ Tasse fester Tofu, abgetropft und zerkrümelt
- 1 Tasse geröstete Walnussstücke
- $1/4$ Tasse dicht gepackte frische Petersilie
- Salz und frisch gemahlener schwarzer Pfeffer
- 1Nudelteig ohne Ei
- 12 frische Salbeiblätter

Richtungen:

a) In einer großen Pfanne 2 Esslöffel Öl bei mittlerer Hitze erhitzen. Fügen Sie den Knoblauch, den Spinat und die Artischockenherzen hinzu. Abdecken und kochen, bis der Knoblauch weich und die Flüssigkeit aufgesogen ist, etwa 3 Minuten, dabei gelegentlich umrühren.

b) Übertragen Sie die Mischung in eine Küchenmaschine. Fügen Sie den Tofu, 1/4 Tasse der Walnüsse, die Petersilie und Salz und Pfeffer nach Geschmack hinzu. Verarbeiten, bis es zerkleinert und gründlich vermischt ist.

c) Zum Abkühlen beiseite stellen.

d) Für die Ravioli den Teig auf einer leicht bemehlten Fläche sehr dünn (ca. 1/8 Zoll) ausrollen und in 2 Zoll breite Streifen schneiden. Geben Sie 1 gehäuften Teelöffel Füllung auf einen Nudelstreifen, etwa 2,5 cm von der Spitze entfernt. Geben Sie einen weiteren Teelöffel Füllung auf den Nudelstreifen, etwa 2,5 cm unter dem ersten Löffel Füllung. Auf der gesamten Länge des Teigstreifens wiederholen.

e) Die Ränder des Teigs leicht mit Wasser benetzen und einen zweiten Nudelstreifen auf den ersten legen, sodass die Füllung bedeckt ist.

f) Die beiden Teigschichten zwischen den Füllungsportionen zusammendrücken. Schneide die Seiten des Teigs mit einem Messer gerade, und schneide ihn dann zwischen den Füllhaufen quer durch, um quadratische Ravioli zu erhalten. Mit den Zinken einer Gabel entlang der Teigränder drücken, um die Ravioli zu versiegeln. Die Ravioli auf einen bemehlten Teller geben und mit dem restlichen Teig und der Füllung wiederholen.

g) Die Ravioli in einem großen Topf mit kochendem Salzwasser kochen, bis sie oben schwimmen, etwa 7 Minuten. Gut abtropfen lassen und beiseite stellen. In einer großen Pfanne die restlichen 1/3 Tasse Öl bei mittlerer Hitze erhitzen. Fügen Sie den Salbei und die restlichen $\frac{3}{4}$ Tassen Walnüsse hinzu und kochen Sie, bis der Salbei knusprig wird und die Walnüsse duften.

h) Fügen Sie die gekochten Ravioli hinzu und kochen Sie sie unter leichtem Rühren, um sie mit der Sauce zu bestreichen, und erhitzen Sie sie. Sofort servieren.

54.   Kürbisravioli mit Erbsen

Ergibt 4 Portionen

Zutaten

- 1 Tasse Kürbispüree aus der Dose

- 1/2 Tasse extrafester Tofu, zerkrümelt

- 2 Esslöffel gehackte frische Petersilie

- Gemahlene Muskatnuss pürieren

- Salz und frisch gemahlener schwarzer Pfeffer

- **1Nudelteig ohne Ei**

- 2 oder 3 mittelgroße Schalotten, in Scheiben geschnitten

- 1 Tasse gefrorene Babyerbsen, aufgetaut

Richtungen

a) Überschüssige Flüssigkeit vom Kürbis und Tofu mit einem Papiertuch abtupfen, dann in einer Küchenmaschine mit Nährhefe, Petersilie, Muskatnuss und Salz und Pfeffer nach Geschmack vermischen. Beiseite legen.

b) Für die Ravioli den Nudelteig auf einer leicht bemehlten Arbeitsfläche dünn ausrollen. Den Teig einschneiden

c) 2 Zoll breite Streifen. Geben Sie 1 gehäuften Teelöffel Füllung auf 1 Nudelstreifen, etwa 2,5 cm von der Spitze entfernt.

d) Geben Sie einen weiteren Teelöffel Füllung auf den Nudelstreifen, etwa 2,5 cm unter den ersten Löffel Füllung.

e) Auf der gesamten Länge des Teigstreifens wiederholen. Die Ränder des Teigs leicht mit Wasser benetzen und einen zweiten Nudelstreifen auf den ersten legen, sodass die Füllung bedeckt ist.

f) Die beiden Teigschichten zwischen den Füllungsportionen zusammendrücken. Schneiden Sie die Seiten des Teigs mit einem Messer gerade, und schneiden Sie den Teig dann zwischen den Füllungshügeln durch, um quadratische Ravioli zu erhalten.

g) Achten Sie darauf, vor dem Verschließen Lufteinschlüsse um die Füllung herum auszudrücken. Mit den Zinken einer Gabel entlang der Teigränder drücken, um die Ravioli zu versiegeln.

h) Die Ravioli auf einen bemehlten Teller geben und mit dem restlichen Teig und der Soße wiederholen. Beiseite legen.

i) In einer großen Pfanne das Öl bei mittlerer Hitze erhitzen. Fügen Sie die Schalotten hinzu und kochen Sie sie unter gelegentlichem Rühren etwa 15 Minuten lang, bis die Schalotten tief goldbraun, aber nicht verbrannt sind. Erbsen unterrühren und mit Salz und Pfeffer abschmecken. Bei sehr schwacher Hitze warm halten.

j) In einem großen Topf mit kochendem Salzwasser die Ravioli ca. 5 Minuten garen, bis sie oben schwimmen. Gut abtropfen lassen und zu den Schalotten und Erbsen in die Pfanne geben.

k) Kochen Sie für ein oder zwei Minuten, um die Aromen zu vermischen, und geben Sie sie dann in eine große Servierschüssel.

l) Mit viel Pfeffer würzen und sofort servieren.

55. Spinat Manicotti

Ergibt 4 Portionen

Zutaten:

- 12 Manicotti
- 1 Esslöffel Olivenöl
- 2 mittelgroße Schalotten, gehackt
- 1 (10 Unzen) Packungen gefrorener gehackter Spinat, aufgetaut
- 1 Pfund extrafester Tofu, abgetropft und zerkrümelt
- $1/4$ Teelöffel gemahlene Muskatnuss
- Salz und frisch gemahlener schwarzer Pfeffer
- 1 Tasse geröstete Walnussstücke
- 1 Tasse weicher Tofu, abgetropft und zerkrümelt
- $1/4$ Tasse Nährhefe
- 2 Tassen einfache ungesüßte Sojamilch
- 1 Tasse trockene Semmelbrösel

Richtungen:

a) Ofen auf 350°F vorheizen. Ölen Sie eine 9 x 13-Zoll-Auflaufform leicht ein. In einem Topf mit kochendem Salzwasser die Manicotti bei mittlerer Hitze kochen, dabei gelegentlich umrühren, bis sie al dente sind, etwa 10 Minuten lang. Gut abtropfen lassen und unter kaltes Wasser halten. Beiseite legen.

b) In einer großen Pfanne das Öl bei mittlerer Hitze erhitzen. Fügen Sie die Schalotten hinzu und kochen Sie sie etwa 5 Minuten lang, bis sie weich sind. Den Spinat auspressen, um so viel Flüssigkeit wie möglich zu entfernen, und zu den Schalotten geben. Mit Muskat, Salz und Pfeffer abschmecken und 5 Minuten kochen, dabei umrühren, um die Aromen zu mischen. Fügen Sie den extrafesten Tofu hinzu und rühren Sie um, um alles gut zu vermischen. Beiseite legen.

c) Die Walnüsse in einer Küchenmaschine fein mahlen. Fügen Sie den weichen Tofu, Nährhefe, Sojamilch und Salz und Pfeffer nach Geschmack hinzu. Bis glatt verarbeiten.

d) Eine Schicht der Walnusssauce auf dem Boden der vorbereiteten Auflaufform verteilen. Füllen Sie die Manicotti mit der Füllung. Ordnen Sie die gefüllten Manicotti in einer Schicht in der Auflaufform an. Die restliche Soße darüber geben. Mit Folie abdecken und ca. 30 Minuten heiß backen. Aufdecken, mit Semmelbröseln bestreuen und weitere 10 Minuten backen, um die Oberseite leicht zu bräunen. Sofort servieren.

GEFÜLLTE PIZZAS

56.   Einfache Calzone

Portionen: 8 Portionen

Zutaten

- 2 Pfund Pizzateig

- 1 Tasse Pizzasauce

- 1 Tasse Peperoni

- 1/2 Tasse Salami

- 2 Tassen geriebener Mozzarella

- 1 Tasse Ricotta-Käse

- 2 Esslöffel Öl

- 1/2 Tasse Parmesankäse

Richtungen

a) Backofen auf 475 °F vorheizen. Backblech mit Backpapier auslegen oder mit Öl einsprühen.

b) Den Teig in 8 gleich große Stücke teilen. Rollen Sie jedes Stück zu einem 1/4 Zoll dicken Kreis.

c) Legen Sie die Füllung auf die Hälfte jedes Kreises. Die Seite über die Füllung klappen und die Ränder andrücken.

d) Calzone auf ein Backblech legen. 15 Minuten backen oder bis sie goldbraun sind.

57.   Peperoni-Pizzabrötchen

Ausbeute: 24 Rollen

Zutaten

- Selbstgemachter Pizzateig

- 2 Teelöffel Olivenöl

- 2/3 Tasse Pizzasauce

- Italienisches Gewürz oder gemahlenes Basilikum nach Geschmack

- Knoblauchpulver, nach Geschmack

- 1 Tasse geriebener Mozzarella-Käse

- 60–65 Peperonischeiben

Richtungen

a) Bereiten Sie den Pizzateig in Schritt 3 vor. Wenn der Teig fertig ist, schlagen Sie ihn fest, um Luftblasen freizusetzen. Teilen Sie den Teig in zwei Hälften. Rollen Sie jede Hälfte auf einer leicht bemehlten Oberfläche zu einem großen Rechteck von etwa 10 × 12 Zoll aus.

b) Um zu verhindern, dass die Füllung Ihre Pizzabrötchen durchweicht, bestreichen Sie die Oberseite leicht mit je 1 Teelöffel Olivenöl. Drücken Sie mit den Fingern

Vertiefungen in die Oberfläche der Teigrechtecke, um Blasenbildung zu vermeiden. Siehe Foto oben für visuelle.

c) Verteilen Sie 1/3 Tasse Pizzasauce auf jedem Teigrechteck. Streuen Sie jedes leicht mit italienischem Gewürz und Knoblauchpulver.

d) 1/2 Tasse zerkleinerten Mozzarella gleichmäßig über die Sauce streuen und dann mit Peperonischeiben belegen. Teigrechtecke vorsichtig zu festen Rollen rollen. Legen Sie die Stangen mit der Naht nach unten auf 1 vorbereitetes Backblech und stellen Sie das Backblech für mindestens 20 Minuten in den Kühlschrank, um es unbedeckt zu kühlen. Das Kühlen verhindert, dass die Brötchen beim Schneiden auseinanderfallen.

e) Während dieser Zeit den Backofen auf 204 °C vorheizen. Zwei große Backbleche mit Silikonbackmatten oder Backpapier auslegen.

f) Nehmen Sie die Stämme aus dem Kühlschrank und schneiden Sie sie jeweils in 12 1-Zoll-Scheiben. Gießen Sie Maismehl in einen Teller oder eine Schüssel. Tauchen Sie den Boden jeder Rolle in Maismehl und legen Sie 12 mit der Maismehlseite nach unten auf jedes Backblech. Das Maismehl ist optional, verleiht der Unterseite der Brötchen aber eine besonders leckere Knusprigkeit. Die Oberseite der Brötchen nach Belieben mit zusätzlichem Käse bestreuen.

g) 15-20 Minuten backen oder bis die Seiten leicht gebräunt sind. 5 Minuten abkühlen lassen, dann mit frischem Basilikum und extra Pizzasauce zum Dippen servieren.

58. Scaccia

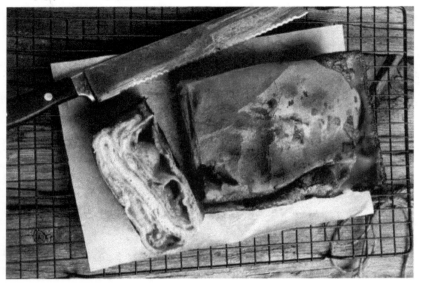

ERGEBNIS 1 Brot

Zutaten

- Teig

- eine 14,5-Unzen-Dose ganze Tomaten

- 1 Esslöffel Olivenöl

- 2 Knoblauchzehen, geschält (ca. 1 Teelöffel gehackt)

- 1 Teelöffel Kristallzucker

- 1/8 Teelöffel Salz

- Prise (1/16 Teelöffel) schwarzer Pfeffer

- Handvoll frische Basilikumblätter, zerrissen oder gehackt

- 6 bis 8 Unzen (170 g bis 227 g) Cacciocavallo, gereifter Provolone oder Romano-Käse, in dünne Scheiben geschnitten oder geraspelt

Richtungen

a) Um den Teig zu machen: Wiegen Sie Ihr Mehl; oder messen Sie es, indem Sie es vorsichtig in eine Tasse löffeln und dann den Überschuss abwischen.

b) Kombinieren Sie die Teigzutaten in der Schüssel einer Küchenmaschine mit Knethaken. Bei mittlerer

Geschwindigkeit mischen und kneten, bis ein fester, glatter, elastischer Teig entsteht. Der Teig bleibt zunächst am Boden der Schüssel haften, bildet aber beim Entstehen eine Kugel. Es ist fertig, wenn Sie ein kleines Stück davon dünn genug dehnen können, ohne zu reißen, um durchzusehen (der „Fensterscheibentest"), was bis zu 15 Minuten Kneten erfordern kann.

c) Den Teig zu einer Kugel formen, in eine abgedeckte Schüssel oder einen Eimer zum Aufgehen des Teigs geben und an einem warmen Ort (idealerweise 22 bis 28 °C) 1 1/2 bis 2 Stunden ruhen lassen.

d) Zubereitung der Soße: Während der Teig aufgeht, mit einem Mixer oder einer Küchenmaschine die Tomaten, das Olivenöl, den Knoblauch, den Zucker, das Salz und den Pfeffer glatt pürieren.

e) Übertragen Sie die Tomatenmischung in einen mittelgroßen Topf, der bei mittlerer bis hoher Hitze eingestellt ist. Basilikum hinzufügen.

f) Bringen Sie die Tomatenmischung zum sanften Köcheln, reduzieren Sie dann die Hitze und kochen Sie sie unter regelmäßigem Rühren, bis die Mischung etwa 10 bis 15 Minuten zu einer tomatensaucenartigen Konsistenz eingedickt ist.

g) Entfernen Sie die Sauce von der Hitze und gießen Sie sie in einen hitzefesten Messbecher; Sie sollten ungefähr eine Tasse Sauce haben. Leg es zur Seite.

h) Gegen Ende des Teigaufgehens den Ofen auf 450 ° F vorheizen. Bestreichen Sie die Innenseite einer 9 "x 5" Laibpfanne mit Olivenöl.

i) So formen Sie die Scaccia: Geben Sie den Teig auf eine gefettete Arbeitsfläche mit einer Fläche von etwa 24 x 30 Zoll.

j) Rollen Sie den Teig zu einem sehr dünnen Rechteck von etwa 18 "x 24" Größe; es sollte dünn genug sein, um an einigen Stellen durchzusehen. Wenn sich der Teig nicht dehnt, decken Sie ihn ab und lassen Sie ihn etwa 10 Minuten ruhen, um sich zu entspannen.

k) Kerben Sie den Teig leicht in Viertel von 18 "x 6" ein; nicht ganz durchschneiden, nur markieren.

l) Verteilen Sie etwa 1/2 Tasse der Tomatensauce gleichmäßig auf den mittleren zwei Vierteln und streuen Sie die Hälfte des Käses über die Sauce.

m) Falten Sie die beiden unbedeckten Abschnitte auf beiden Seiten in die Mitte und überlappen Sie sie leicht, wo sie sich treffen. Sie haben jetzt ein Rechteck, das ungefähr 18 "x 12" groß ist.

n) Schneiden Sie den Teig leicht in vier 4 1/2" x 12" große Abschnitte. Verteilen Sie eine knappe 1/3 Tasse der restlichen Tomatensauce gleichmäßig auf den beiden mittleren Abschnitten und bedecken Sie sie mit drei Vierteln des restlichen Käses.

o) Falten Sie die beiden unbedeckten Abschnitte in die Mitte und überlappen Sie sie leicht, wo sie sich treffen. Sie haben jetzt ein Rechteck, das etwa 9 "x 12" groß ist.

p) Ritzen Sie den Teig leicht in drei 22,9 x 10,2 cm große Abschnitte ein. Die restliche Soße auf die linken beiden Teile verteilen und mit dem restlichen Käse belegen.

q) Falte den rechten (ohne Soße) Teil über den mittleren Teil und dann den linken (mit Soße bedeckten) Teil über beide, als würdest du einen Brief falten.

r) Legen Sie das Brot mit der Naht nach oben in die vorbereitete Form und stechen Sie die Oberseite mit einer Gabel etwa ein Dutzend Mal ein.

s) Backen Sie das Brot 50 bis 60 Minuten lang, bis die Oberseite dunkel und stellenweise Blasen hat; Ein digitales Thermometer, das in die Mitte des Laibs eingesetzt wird, zeigt 212 °F an.

t) Das Brot aus dem Ofen nehmen und aus der Pfanne auf ein Gitter stürzen.

u) Lassen Sie die Scaccia etwas abkühlen (ca. 10 Minuten), bevor Sie sie in dicke Scheiben schneiden. Warm oder bei Zimmertemperatur servieren.

59.   Thanksgiving-Pizza

Ausbeute: 8 Scheiben

Zutaten:

- 1 Pizzaboden im Fladenbrot-Stil

- 3/4 Tasse Cranberry-Sauce

- 1,5-2 Tassen Gekochter Truthahn, Geschreddert

- 2- 2,5 Tassen scharfer weißer Cheddar, zerkleinert

- 1,5-2 Tassen Füllung, gekocht

- 1 Tasse Soße

Richtungen:

a) Heizen Sie den Ofen (oder Grill!) Auf etwa 425 Grad Fahrenheit vor.

b) Auf dem Pizzateig eine Schicht Cranberrysauce verteilen.

c) Legen Sie den zerkleinerten Truthahn auf die Cranberry-Sauce und drücken Sie ihn leicht fest.

d) Die Füllung auf den Truthahn geben und leicht andrücken.

e) Mit geriebenem Käse bestreuen und 8 Minuten backen oder bis der Käse geschmolzen ist.

f) Die Soße erhitzen, während die Pizza backt.

g) Fügen Sie einen großen Soßenstrudel oben auf der Pizza hinzu.

h) Mit Petersilie als Garnitur servieren.

GEFÜLLTES GEMÜSE

60.   Gefüllte Süßkartoffeln

PORTIONEN: 1

Zutaten:

- 1 Tasse Wasser

- 1 Süßkartoffel

- 1 EL reiner Ahornsirup

- 1 Esslöffel Mandelbutter

- 1 Esslöffel gehackte Pekannüsse

- 2 Esslöffel Heidelbeeren

- 1 Teelöffel Chiasamen

- 1 Teelöffel Currypaste

Richtungen:

a) Fügen Sie in Ihrem Instant-Topf eine Tasse Wasser und das Dampfgargestell hinzu.

b) Verschließen Sie den Deckel und legen Sie die Süßkartoffel auf den Rost. Achten Sie darauf, dass sich das Ablassventil in der richtigen Position befindet.

c) Heizen Sie den Instant Pot manuell 15 Minuten lang auf Hochdruck vor. Es dauert einige Minuten, bis sich der Druck aufgebaut hat.

d) Nachdem der Timer abgelaufen ist, lassen Sie den Druck 10 Minuten lang auf natürliche Weise abfallen. Zum Ablassen des Restdrucks das Ablassventil drehen.

e) Sobald das Schwimmerventil gefallen ist, entfernen Sie die Süßkartoffel, indem Sie den Deckel öffnen.

f) Wenn die Süßkartoffel ausreichend abgekühlt ist, schneiden Sie sie in zwei Hälften und zerdrücken Sie das Fruchtfleisch mit einer Gabel.

g) Mit Pekannüssen, Heidelbeeren und Chiasamen toppen, dann mit Ahornsirup und Mandelbutter beträufeln.

61.   Gefüllte Champignons mit Curry

PORTIONEN: 5

Zutaten:

- $\frac{1}{4}$ Tasse Mayonnaise

- 1 Teelöffel Knoblauchpulver

- 1 kleine gelbe Zwiebel, gehackt

- 24 Unzen weiße Pilzkappen

- 1 und $\frac{1}{2}$ Tassen Wasser

- Salz und schwarzer Pfeffer nach Geschmack

- 1 Teelöffel Currypulver

- 4 Unzen Frischkäse, weich

- $\frac{1}{4}$ Tasse Kokoscreme

- $\frac{1}{2}$ Tasse mexikanischer Käse, gerieben

- 1 Tasse Garnelen, gekocht, geschält, entdarmt und gehackt

Richtungen:

a) Mayonnaise, Knoblauchpulver, Zwiebel, Currypulver, Frischkäse, Sahne, mexikanischer Käse, Garnelen, Salz und Pfeffer in einer Rührschüssel mischen und die Pilze mit der Mischung füllen.

b) Füllen Sie Ihren Instant-Topf zur Hälfte mit Wasser, stellen Sie den Dampfkorb hinein, fügen Sie die Pilze hinzu, decken Sie ihn ab und kochen Sie ihn 14 Minuten lang auf hoher Stufe.

c) Als Vorspeise servieren, indem man Pilze auf einem Teller anrichtet.

62. Tomaten und Pilze

PORTIONEN: 4

Zutaten:

- 4 Tomaten, Spitzen abgeschnitten und Fruchtfleisch geschöpft

- $\frac{1}{2}$ Tasse Wasser

- Salz und schwarzer Pfeffer nach Geschmack

- 1 gelbe Zwiebel, gehackt

- 1 Esslöffel Öl

- 2 Esslöffel Sellerie, gehackt

- $\frac{1}{2}$ Tasse Pilze, gehackt

- 1 Tasse Hüttenkäse

- $\frac{1}{4}$ Teelöffel Kümmel

- 1 EL Petersilie, gehackt

Richtungen:

a) Heizen Sie Ihren Instant-Topf auf Bratmodus vor, fügen Sie dann das Öl hinzu, erhitzen Sie es, fügen Sie dann die Zwiebel und den Sellerie hinzu und rühren Sie um.

b) Tomatenmark, Pilze, Salz, Pfeffer, Käse, Petersilie und Kümmel hineingeben, gut umrühren und weitere 3 Minuten köcheln lassen, bevor die Tomaten gefüllt werden.

c) Fügen Sie in Ihrem Instant-Topf das Wasser, den Dampfkorb und die gefüllten Tomaten hinzu, decken Sie sie ab und kochen Sie sie 4 Minuten lang auf hoher Stufe.

63. Käsekartoffeln

PORTIONEN: 5

Zutaten:

- 5 mittelgroße Kartoffeln
- 2 Tassen Wasser
- 1/4 Tasse Cheddar-Käse; geschreddert
- 1/4 Tasse Mozzarella-Käse; geschreddert
- 1 Teelöffel rote Paprikaflocken
- 1 Teelöffel. Curry Pulver
- 1½ Esslöffel Butter
- Salz und Pfeffer nach Geschmack

Richtungen:

a) Alle Kartoffeln in der Mitte einstechen und oben einen Schlitz schneiden.

b) Käse, Butter, Salz, Pfeffer, Curry und Pfefferflocken zu den Kartoffeln geben.

c) Stellen Sie einen Dampfuntersetzer in den Instant Pot und füllen Sie ihn mit Wasser.

d) Legen Sie die gefüllten Kartoffeln mit der gestochenen Seite nach oben auf den Untersetzer.

e) Schließen Sie den Instant-Topfdeckel und kochen Sie 20 Minuten lang unter hohem Druck.

f) Führen Sie eine natürliche Freisetzung durch und öffnen Sie den Instant-Topfdeckel, wenn der Timer ertönt.

g) Die Kartoffeln in eine Schüssel geben und mit Salz und Pfeffer würzen.

64.   Mit Ricotta gefüllte Auberginenrunden

Ertrag: 12

GESAMTZEIT: 1 Stunde 58 Minuten

Zutaten:

- 1 mittelgroße Aubergine, getrocknet

- Meersalz

- 6 Unzen. Ricotta-Käse

- 1/4 Tasse Parmesankäse

- 3 Esslöffel frische Petersilie

- 1 Teelöffel Knoblauchpulver

- 1 Ei

- Panieren

Richtungen:

a) Ricotta, Parmesan, Petersilie und ein Ei in einer Schüssel vermischen und beiseite stellen.

b) Verteilen Sie einen gehäuften Esslöffel der Ricotta-Mischung auf jeder Auberginenscheibe und verteilen Sie sie mit einem Buttermesser gleichmäßig über die Aubergine.

c) Legen Sie die mit Ricotta geschichteten Auberginenscheiben auf ein Backblech und stellen Sie es zum Festwerden in den Gefrierschrank.

d) Sobald sie fest geworden sind, fügen Sie die beiden Eier zu einer Schüssel hinzu und mischen Sie dann die Schweineschwarten, 1/4 Tasse Parmesan und die italienischen Gewürze in einer separaten Schüssel. Beschichten Sie jedes Auberginenstück in der Eierwäsche und dann in der Schweineschwarte-Mischung. Drücken Sie nach Bedarf nach unten, um eine gleichmäßige Beschichtung zu erzielen.

e) Legen Sie jede Runde wieder auf ein Backblech und in den Gefrierschrank, um sie etwa 30-45 Minuten lang fest werden zu lassen.

f) Nur 8 Minuten bei 375 F in der Luftfritteuse sind die perfekte Zeit, um eine knusprige goldbraune Beschichtung und perfekt gekochte Auberginen zu erhalten.

65.   Pilze mit Krebsfüllung

Gesamtzeit: 31 Minuten

Ausbeute: Für 3 Personen

Zutaten:

- 8 Unzen Pilze

Füllung:

- 8 Unzen Krabbenfleisch, gehackt

- 2 Frühlingszwiebeln, fein gehackt

- 1/4 Tasse Mayonnaise

- 1/3 Tasse Parmesankäse

- 1 Teelöffel Petersilie

- 1/4 Teelöffel Paprika

- Prise Salz und Pfeffer

Richtungen:
a) Heißluftfritteuse auf 380 Grad vorheizen.

b) Reinigen Sie die Pilze, indem Sie sie mit einem feuchten Papiertuch abwischen. Die Stiele der Pilze abbrechen und mit einem Löffel einige der inneren Kiemen entfernen.

c) Heißluftfritteuse leicht mit Kochspray einsprühen oder mit Folie auslegen.

d) In einer mittelgroßen Schüssel die Zutaten für die Füllung vermischen.

e) Füllen Sie jeden Pilz gleichmäßig mit der Krabbenfüllung.

f) Die Pilze in einer einzigen Schicht in die Heißluftfritteuse geben. Nicht überlappen. Abhängig von der Größe der Pilze, die Sie verwenden, müssen Sie dies möglicherweise in Chargen tun.

g) 9 Minuten kochen oder bis die Füllung zu bräunen beginnt und die Pilze weich sind.

66. Gefüllte Paprikaschoten

Ausbeute: 6 gefüllte Paprika

Zutaten
- 6 große rote Paprika
- 1 Pfund geschnittene Pilze,
- 1 Teelöffel Kokosöl
- ½ Tasse Maisbrotkrümel
- 1 Esslöffel Reiskleieöl
- 1 Tasse frische rohe Rüben, geschält und gerieben
- ½ Zwiebel, in dünne Scheiben geschnitten
- 1 Tasse Gemüsebrühe

Richtungen:

a) Ofen auf 375°F vorheizen.

b) In einer Pfanne das Kokosöl erhitzen und die Pilze darin anbraten.

c) Entfernen Sie die Spitzen jeder Paprika. Entfernen Sie das Innere der Paprika und reinigen Sie es.

d) In einer großen Rührschüssel alle anderen Zutaten mischen. Mit Salz und Pfeffer abschmecken.

e) Die Paprikaschoten locker mit der Mischung füllen und in einer Backform dicht nebeneinander anrichten.

f) Geben Sie 1 Zoll heißes Wasser auf den Boden der Pfanne.

g) 45 Minuten backen.

67.   das ErntedankfestGefüllte Pilze

Ausbeute: 4

Zutaten
- 8 große Cremini oder weiße Champignons
- $\frac{1}{2}$ Tasse Maismehl
- 1 Tasse Kokosmilch
- 1 Tasse zerkleinerte Rote Bete
- $\frac{1}{2}$ Tasse zerkleinerte Karotten

Richtungen:

a) Entfernen Sie die Stiele von den Pilzen, bürsten Sie sie ab, waschen Sie sie und legen Sie sie mit der runden Seite nach oben auf ein Backblech, um sie 5 Minuten lang bei 275 Grad F zu grillen.

b) Kombinieren Sie die Pilzstiele, Maismehl, Rüben, Karotten und Kokosmilch in einer Küchenmaschine.

c) Die Füllung in einer kleinen Bratpfanne 5 Minuten kochen. Zu einer Paste pürieren.

d) Entfernen Sie die Kappen aus dem Ofen und löffeln Sie eine golfballgroße Kugel der Füllung in jede Pilzkappe.

e) Heizen Sie den Ofen auf 400°F vor und backen Sie die gefüllten Pilzköpfe 15 Minuten lang.

f) Aus dem Ofen nehmen, mit Basilikum garnieren und sofort servieren.

68. Ofengebackene Äpfel

Ausbeute: 4

Zutaten:
- 4 große Äpfel, entkernt
- 4 Esslöffel brauner Zucker
- 1 Teelöffel schwarze Melasse
- 1 Esslöffel Bio-Weißzucker
- 1/8 Teelöffel Zimt
- 1 Teelöffel Kokosöl
- 1/4 Tasse fein gehackte Walnüsse
- 1 Esslöffel gehackte Datteln oder Rosinen
- 1/4 Tasse heißes Wasser

Richtungen:

a) In einer Rührschüssel alle Zutaten außer dem Wasser mischen, bis eine Paste entsteht.

b) Einen Topf halb mit Wasser füllen und die Äpfel dazugeben.

c) Füllen Sie die Paste in die Mitte jedes Apfels

d) 30 Minuten bei 350 Grad F backen und mit einem Spieß auf Zartheit prüfen.

e) Gießen Sie die Flüssigkeit in einen Topf und reduzieren Sie sie durch Kochen zu einem Sirup.

f) Die Äpfel mit dem Sirup beträufeln und servieren.

69. Feuergeröstete Chorizo-Jalapeños

Portionen: 4

Zutaten

- 9 frische Jalapenos

- $\frac{1}{2}$ Pfund Chorizo, gekocht und abgetropft

- 1 Tasse Chihuahua-Käse, gerieben

- 1 kleine Zwiebel, gehackt

- 1 Bund Koriander, gehackt

Richtungen

a) Heizen Sie den Holzofen im Freien auf 500 Grad Fahrenheit vor.

b) Schneiden Sie die Stielenden von jedem Jalapeno ab und entfernen Sie die Samen und Knorpel mit einem kleinen Löffel oder Messer.

c) Mischen Sie die restlichen Zutaten zusammen und füllen Sie jede Jalapeno damit.

d) Legen Sie die gefüllten Paprikaschoten auf einen Rost, der im Ofen verwendet werden kann.

e) Stellen Sie den Rost in den Mund des Ofens.

f) 4 Minuten garen, bevor sie gewendet werden.

70. Gefüllte Tomaten

Zutaten

- 8 kleine Tomaten oder 3 große

- 4 hartgekochte Eier, abgekühlt und geschält

- 6 Esslöffel Aioli oder Mayonnaise

- Salz und Pfeffer

- 1 EL Petersilie, gehackt

- 1 Esslöffel weiße Semmelbrösel, wenn Sie große Tomaten
  verwenden

Richtungen:

a) Tauchen Sie die Tomaten in ein Becken mit eiskaltem oder
   extrem kaltem Wasser, nachdem Sie sie 10 Sekunden lang in
   einem Topf mit kochendem Wasser gehäutet haben.

b) Schneiden Sie die Spitzen der Tomaten ab. Mit einem
   Teelöffel oder einem kleinen, scharfen Messer die Kerne
   und das Innere abkratzen.

c) Die Eier mit Aioli (oder Mayonnaise, falls verwendet), Salz,
   Pfeffer und Petersilie in einer Rührschüssel zerdrücken.

d) Die Tomaten mit der Füllung füllen und fest andrücken.
   Legen Sie die Deckel in einem flotten Winkel auf kleine
   Tomaten.

e) Füllen Sie die Tomaten bis zum Rand und drücken Sie fest, bis sie eben sind. 1 Stunde kühl stellen, bevor Sie sie mit einem scharfen Tranchiermesser in Ringe schneiden.

f) Mit Petersilie garnieren.

71.   Mit Reis gefüllte Paprika

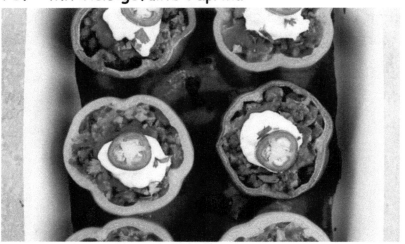

Portionen: 4

Zutaten:

- 1 Pfund 2 Unzen. kurzkörniger spanischer Reis, wie Bomba oder Calasparra

- 2-3 Esslöffel Olivenöl

- 4 große rote Paprika

- 1 kleine rote Paprika, gehackt

- 1/2 Zwiebel, gehackt

- 1/2 Tomate, gehäutet und gehackt

- 5 oz. gehacktes / gehacktes Schweinefleisch oder 3 Unzen. Salz Kabeljau

- Safran

- Gehackte frische Petersilie

- Salz

Richtungen:

a) Kratzen Sie die inneren Membranen mit einem Teelöffel heraus, nachdem Sie die Stielenden der Paprikaschoten abgeschnitten haben, und bewahren Sie sie als Deckel auf, um sie später wieder einzusetzen.

b) Das Öl erhitzen und die rote Paprika vorsichtig anschwitzen, bis sie weich ist.

c) Die Zwiebel anbraten, bis sie weich ist, dann das Fleisch hinzufügen und leicht bräunen, die Tomate nach ein paar Minuten hinzufügen, dann den gekochten Pfeffer, den rohen Reis, den Safran und die Petersilie hinzufügen. Mit Salz abschmecken.

d) Füllen Sie die Paprikaschoten vorsichtig und legen Sie sie seitlich auf eine feuerfeste Form. Achten Sie darauf, dass Sie die Füllung nicht verschütten.

e) Das Gericht zugedeckt im heißen Backofen etwa 1 1/2 Stunden garen.

f) Der Reis wird in der Tomaten-Paprika-Flüssigkeit gekocht.

72.Gefüllte Süßkartoffeln

PORTIONEN: 1

Zutaten:

- 1 Tasse Wasser

- 1 Süßkartoffel

- 1 EL reiner Ahornsirup

- 1 Esslöffel Mandelbutter

- 1 Esslöffel gehackte Pekannüsse

- 2 Esslöffel Heidelbeeren

- 1 Teelöffel Chiasamen

- 1 Teelöffel Currypaste

Richtungen:

a) Fügen Sie in Ihrem Instant-Topf eine Tasse Wasser und das Dampfgargestell hinzu.

b) Verschließen Sie den Deckel und legen Sie die Süßkartoffel auf den Rost. Achten Sie darauf, dass sich das Ablassventil in der richtigen Position befindet.

c) Heizen Sie den Instant Pot manuell 15 Minuten lang auf Hochdruck vor. Es dauert einige Minuten, bis sich der Druck aufgebaut hat.

d) Nachdem der Timer abgelaufen ist, lassen Sie den Druck 10 Minuten lang auf natürliche Weise abfallen. Zum Ablassen des Restdrucks das Ablassventil drehen.

e) Sobald das Schwimmerventil gefallen ist, entfernen Sie die Süßkartoffel, indem Sie den Deckel öffnen.

f) Wenn die Süßkartoffel ausreichend abgekühlt ist, schneiden Sie sie in zwei Hälften und zerdrücken Sie das Fruchtfleisch mit einer Gabel.

g) Mit Pekannüssen, Heidelbeeren und Chiasamen toppen, dann mit Ahornsirup und Mandelbutter beträufeln.

73. Avocado gefüllt mit Räucherfisch

Ausbeute: 4 Portionen

Zutat

- 4 hart gekochte Eier

- ¼ Tasse Milch

- ¼ Tasse Abgesiebter frischer Limettensaft

- ¼ Teelöffel Zucker

- ⅓ Tasse Pflanzenöl

- 2 Esslöffel Olivenöl

- ½ Pfund geräucherter Felchen

- 2 große reife Avocados

- 12 Streifen frischer roter Paprika

Richtungen:

a) In einer tiefen Schüssel das Eigelb und die Milch zusammen pürieren. 1 Esslöffel Limettensaft, Zucker und Salz hinzugeben.

b) Dann das Pflanzenöl unterschlagen. Das Olivenöl teelöffelweise unter ständigem Rühren hinzugeben. Restlichen Limettensaft in die Sauce rühren und abschmecken.

c) Den Fisch in eine Schüssel geben und mit einer Gabel fein hacken. Das gehackte Eiweiß und die Soße hinzugeben und vorsichtig, aber gründlich miteinander vermengen.

d) Die Fischmischung in die Avocadohälften geben

74.Gefüllte Aubergine

Richtungen:

a) Auberginen abspülen. Schneide an einem Ende eine Scheibe ab. Machen Sie einen breiten Schlitz und salzen Sie sie. Tomaten entkernen. Hacken Sie sie fein.

b) Die Zwiebeln in dünne Scheiben schneiden. Die Knoblauchzehen hacken. Legen Sie sie in eine Pfanne mit Kokosöl.

c) Tomaten, Salz, Petersilie, Kreuzkümmel, Pfeffer, Peperoni und Rinderhack hinzugeben. 10 Minuten anbraten.

d) Auberginen auspressen, damit der bittere Saft austritt. Füllen Sie den breiten Schlitz mit der Hackfleischmischung. Gießen Sie die restliche Mischung darüber. Erhitzen Sie den Ofen in der Zwischenzeit auf 375F.

e) Legen Sie die Auberginen in eine Backform. Mit Olivenöl, Zitronensaft und 1 Tasse Wasser beträufeln.

f) Decken Sie die Pfanne mit einer Folie ab.

75. Mit Tofu gefüllte Paprika auf dem Grill

Ausbeute: 4 Portionen

Zutat

- 4 große grüne Paprika
- 1 große Zwiebel; gewürfelt
- 3 Knoblauchzehen; gehackt
- 12 Unzen Tofu; zerbröselt
- 2 Teelöffel Olivenöl; kann verdreifacht werden
- 8 Unzen segmentierte Pilze
- 4 Roma-Tomaten
- 1 Teelöffel Gehackter frischer Majoran
- $\frac{1}{2}$ Teelöffel Salz; oder mehr nach Geschmack
- 1 Teelöffel frischer Oregano
- 1 Esslöffel Sojasauce
- 14 Unzen Geschmorte Tomaten
- 1 Tasse gekochter brauner Reis
- $\frac{1}{2}$ Tasse Wasser
- Frisch gemahlener schwarzer Pfeffer
- Parmesan Käse; oder Sauerrahm, optional garnieren

Richtungen:

a) Den Tofu texturieren und zerbröseln.

b) Heizen Sie währenddessen den Blackstone Gasgrill auf mäßig bis hoch auf oder machen Sie ein Feuer in einem Kugelgrill.

c) Schneiden Sie mit einem kleinen Schälmesser die Spitzen der grünen Paprikaschoten ab und löffeln Sie alle Samen und die innere Membran aus. Legen Sie die ganzen Paprikaschoten insgesamt etwa 5 Minuten lang auf den Grill und drehen Sie

sie alle 2 Minuten, bis sie leicht angebraten, aber nicht zu weich sind. Zum Abkühlen beiseite stellen.

d) In einer großen Bratpfanne auf dem Herd oder auf dem (Gas-) Grill Zwiebel, Knoblauch und Tofu in Olivenöl etwa 4 bis 5 Minuten anbraten. Champignons, 3 Roma-Tomaten, gewürfelt, Majoran, Salz und Oregano zugeben. Weitere 3 bis 5 Minuten anbraten

e) Fügen Sie die Sojasauce, die geschmorten Tomaten und den Reis hinzu. Zum Mischen umrühren; Von der Hitze nehmen.

f) Füllen Sie jede Paprika mit dieser Mischung und drücken Sie sie vorsichtig mit einem Löffel nach unten, um mehr Platz für die Füllung zu schaffen. Die restlichen Roma-Tomaten vierteln und ein Viertel oben in jede Paprika stecken. Legen Sie die Paprika in eine 2-Liter-Auflaufform und gießen Sie die restliche Tomatenmischung um die Paprika herum. Fügen Sie das Wasser und den schwarzen Pfeffer hinzu; mit Alufolie abdecken.

g) Auf den Grill legen und bei indirekter Hitze 20 bis 25 Minuten oder länger grillen, bis sich die Paprika weich, aber nicht matschig anfühlt. Die zusätzliche Sauce über die Paprika löffeln und zum Servieren garnieren.

76. Gefüllte und gegrillte Maisschalen

Ausbeute: 1 Portion

Zutaten

- 4 große frische Ähren

- 3 Esslöffel frischer Limettensaft

- 1 Knoblauchzehe, gehackt

- $\frac{1}{2}$ Jalapeno, fein gehackt

- $\frac{1}{2}$ Teelöffel gemahlener Kreuzkümmel

- $\frac{1}{4}$ Teelöffel Cayennepfeffer

- $\frac{1}{2}$ Tasse Olivenöl

- 2 große rote Kartoffeln, gekocht, geschält und gewürfelt

- 1 Tasse schwarze Bohnen aus der Dose, gespült und abgetropft

- $\frac{1}{2}$ Rote Paprika, gewürfelt

- Salz und frisch gemahlener schwarzer Pfeffer

- $\frac{1}{2}$ Tasse Gepackte Korianderblätter

- 1 Tasse geriebener Monterey-Jack-Käse, optional

Richtungen:

a) Entfernen Sie langsam die Schalen jeder Ähre und achten Sie darauf, die breitesten Schalen nicht zu zerreißen. Wählen Sie die 24 breitesten Schalen aus und legen Sie sie beiseite, bedeckt mit feuchten Papiertüchern. 2 der restlichen Schalen in 8 lange Streifen schneiden und mit feuchten Küchentüchern bedeckt aufbewahren. Die Maiskörner von jedem Kolben schneiden und aufbewahren.

b) In einer großen Schüssel Limettensaft, Knoblauch, Jalapeno, Kreuzkümmel und Cayennepfeffer verquirlen

c) 6 Esslöffel Olivenöl langsam in einem Strahl unter ständigem Rühren hinzugeben. Mais, Kartoffeln, schwarze Bohnen, rote Paprika dazugeben und mit Salz und Pfeffer würzen, vermischen und mit dem Dressing bestreichen.

d) Abschmecken und gegebenenfalls nachwürzen. Fügen Sie die Korianderblätter hinzu und rühren Sie um, um zu mischen.

e) Legen Sie 2 Maisschalen mit der konkaven Seite nach oben auf eine Arbeitsfläche und überlappen Sie sie an den breiteren Enden um 2 Zoll

f) Mitte eine dritte Schale oben auf die ersten beiden Schalen. Ordnen Sie etwa eine halbe Tasse der Gemüsemischung in der Mitte der Schalen an. Überlappen Sie die Seiten der Maisschalen nach oben und über die Füllung, um sie vollständig zu bedecken.

g) An beiden Enden mit einem Maisschalenstreifen zusammenbinden, um die Füllung zu sichern und ein zigarrenförmiges Paket zu bilden.

h) Aus den restlichen Zutaten auf die gleiche Weise weitere Päckchen formen. Pakete können bis zu 4 Stunden im Voraus aufgegeben werden.

i) Heizen Sie den Blackstone-Grill oder die Grillpfanne auf.

j) Die Päckchen mit den restlichen 2 Esslöffeln Olivenöl bepinseln und jedes Päckchen zugedeckt 6 Minuten pro Seite grillen.

k) Falls gewünscht, jedes Päckchen aufschneiden und geriebenen Käse über das Gemüse spritzen.

l) Päckchen wieder grillen oder grillen, bis der Käse geschmolzen ist. Sofort servieren.

77. Apfel-Dessert-Pakete

Zutaten

- 12 große Äpfel

- Rosinen

- 3 EL Zucker

- 3 Esslöffel Zimt

- 3/4 Tasse Keksmischung

Richtungen:

a) 1 Apfel entkernen und in ziemlich große Stücke schneiden, falls gewünscht schälen. 1 Teelöffel mischen. Zucker, ein paar Rosinen und Zimt nach Geschmack mit 1 EL Keksmischung; in Apfelwürfel einrühren. In ein Stück gefettete Alufolie wickeln, dabei genügend Platz für den Dampf lassen.

b) Etwa 30 bis 45 Minuten in der Glut garen

78. Gefüllte Bratäpfel

Zutaten

- Äpfel

- Rosinen

- brauner Zucker

- Nüsse

- Zimt

Richtungen:

a) Entfernen Sie die Kerne der Äpfel, so dass die Äpfel intakt sind, mit einer Röhre wie im Ganzen durch die Mitte. Lassen Sie die Schalen der Äpfel dran. Vermeiden Sie es, durch die Haut auf der Unterseite zu stechen. Alle oder einige der restlichen Zutaten in die entkernten Äpfel geben. Gut verdichten und jeden ganzen Apfel in Alufolie einwickeln.

b) In die Glut werfen! Warten Sie 8-10 Minuten; Rollen Sie es mit einem Stock aus dem Feuer und lassen Sie es etwas abkühlen. Prüfen Sie, ob es noch weich ist. Wenn der Apfel weich ist, ist er fertig. Aufessen.

79. Gefüllte Äpfel grillen

MACHT 4 Portionen

Zutaten

- 4 kleine Cipollini-Zwiebeln, geschält
- 3 große Knoblauchzehen, Schalen dran gelassen
- 1 Esslöffel Olivenöl
- Tasse Walnüsse
- 6 Unzen lose süße italienische Wurst
- Tasse fein gewürfelter Sellerie
- 4 Teelöffel Geflügel-Rub
- 4 große Gala-, Rom- oder andere große Bratäpfel
- 1 Tasse Apfelwein
- 2 Esslöffel Walnusslikör
- 1 Esslöffel Apfelessig
- 1 Esslöffel gewürfelter frischer Salbei

Richtungen:

a) Schneiden Sie die Zwiebeln in Bruchstücke durch ihren Äquator und mischen Sie sie dann mit dem ungeschälten Knoblauch und dem Öl in einer Schüssel. Den Grillrost ausbürsten und mit Öl bestreichen.

b) Grillen Sie die Zwiebeln mit der Schnittseite nach unten und den ungeschälten Knoblauch direkt über der Hitze, bis die Zwiebeln weich und der Knoblauch punktuell angebraten ist, etwa 5 Minuten lang, dabei ein- oder zweimal drehen. Drücken Sie den Knoblauch aus seiner Schale und hacken Sie ihn dann zusammen mit den Zwiebeln.

c) Stellen Sie eine große gusseiserne Grillplatte oder einen robusten Bräter direkt über die Hitze. Fügen Sie die

Walnüsse hinzu und rösten Sie sie, bis sie duften, etwa 5 Minuten lang, und schütteln Sie sie gelegentlich. Die Walnüsse aus der Pfanne nehmen und hacken.

d) Die Wurst in die Pfanne geben und unter gelegentlichem Rühren 5 bis 8 Minuten garen, bis sie überall leicht gebräunt ist. Herausnehmen und beiseite stellen. Den Sellerie zum Bratensaft in die Pfanne geben und 4 Minuten garen, dabei ab und zu umrühren. Zwiebeln, Knoblauch, Würstchen und Geflügel-Rub hinzugeben und 1 Minute garen. Kratzen Sie die Füllung in eine Schüssel.

e) Schneiden Sie die Äpfel quer in Bruchstücke und nehmen Sie mit einem Melonenausstecher das Kerngehäuse aus jedem Bruchstück heraus. Legen Sie die Äpfel mit der Schnittfläche nach oben in die Grillplatte oder in einen Bräter. Füllen Sie die Mitte jeder Fraktion mit der Wurstmischung.

f) Apfelwein, Likör, Essig und Salbei mischen und um und über die Äpfel gießen. Decken Sie die Pfanne mit Deckel mit Deckel mit Deckel mit Folie ab und stellen Sie die Pfanne auf den Grill, entfernt von der Hitze. Den Grill mit Deckel mit Deckel mit Deckel abdecken und 20 Minuten garen.

g) Nehmen Sie die Folie heraus und kochen Sie weitere 15 bis 20 Minuten, bis die Äpfel weich sind.

h) Vor Portion 10 Minuten abkühlen lassen. Äpfel mit Apfelweinsirup aus der Pfanne spritzen und servieren.

80.   Mit Garnelen gefüllte Pilze

Zutaten

- 20 große weiße Pilze

- 1 (4-Unzen) Dose kleine Garnelen, gespült

- 1/2 Tasse Frischkäse mit Schnittlauch-Zwiebel-Geschmack

- 1/2 Teelöffel Worcestershire-Sauce

- 1 Prise Knoblauchpulver oder nach Geschmack

- 1 Schuss scharfe Sauce nach Louisiana-Art

- 3/4 Tasse geriebener Romano-Käse

Richtungen:

a) Fetten Sie eine 9 x 13 Zoll große Auflaufform leicht ein. Einen Topf mit Wasser füllen und die Champignonkappen bei mittlerer Hitze 2 Minuten köcheln lassen, bevor die Champignons weich werden. Entfernen Sie die Pilze mit einem Schaumlöffel, lassen Sie sie abtropfen und lassen Sie sie mit den hohlen Seiten nach unten in ein paar wiederverwendbaren Handtüchern etwa 15 Minuten lang abkühlen.

b) Während die Pilzkappen abkühlen, die Garnelen, den Frischkäse, die Worcestersauce, das Knoblauchpulver und die scharfe Sauce in einer Schüssel mischen und gut verrühren.

c) Etwa 2 Teelöffel der Garnelenmischung in die Kappe jedes Pilzes geben und mit der Füllung nach oben in die vorbereitete Auflaufform legen. Den Romano-Käse auf jeden Pilz streuen.

d) Heize einen Ofen auf 200 Grad C vor. Decken Sie die Form ab und backen Sie die Pilze im vorgeheizten Ofen etwa 15 Minuten lang.

81. Poblanos mit Quinoa-Füllung

Ausbeute: 8 Portionen

Zutaten

- 8 mittelgroße Poblano-Paprikaschoten

- 4 Tassen Hühnerbrühe mit niedrigem Natriumgehalt

- 2 Tassen Quinoa

- 2 Esslöffel Olivenöl

- 3 Karotten; geschnitten und gewürfelt

- 1 mittelgroße rote Zwiebel; gewürfelt

- 1 Tasse gehackte Walnüsse; getoastet

- 2 Esslöffel frischer Oregano; gehackt

- 6 Unzen weicher Ziegenkäse; zerbröselt

- $\frac{1}{2}$ Teelöffel Salz

- $\frac{1}{4}$ Teelöffel frisch gemahlener Pfeffer

- Ancho-Chili-Sauce

Richtungen:

a) Poblano über der Gasflamme braten. Die Brühe in einem mittelgroßen Topf zum Kochen bringen, Quinoa hinzufügen, gut umrühren und die Hitze auf ein Köcheln reduzieren.

b) Öl erhitzen und Karotten und Zwiebeln hinzufügen; Koch.

c) Karottenmischung in Quinoa umfüllen. Walnüsse, Oregano, Käse, Salz und Pfeffer einrühren. Jede Paprika mit Quinoa-

Mischung füllen; in einer Auflaufform anrichten. Paprika im Ofen erhitzen, bis sie warm ist und die Oberseite leicht knusprig ist, 20 bis 30 Minuten.

d) Machen Sie Ancho-Chile-Sauce. Zum Servieren auf jedem Teller eine Paprika anrichten, mit Soße umgeben.

82.   Quinoa- und Fruchtfüllung

Ausbeute: 5 Tassen

Zutaten

- ¼ Pfund Fenchel-Schweinewurst

- 1 große Zwiebel(n), fein gehackt

- 1 große Knoblauchzehe(n), gehackt

- 1 großer säuerlicher grüner Apfel

- 1 mittelreife Birne, geschält und gewürfelt

- 1 große Navel-Orange

- ⅔ Tasse Getrocknete Johannisbeeren

- ⅔ Tasse Geröstete Walnüsse

- 1 Esslöffel Thymianblätter

- 1 Teelöffel gemahlene Koriandersamen

- 3 Tassen Gekochte Quinoa

Richtungen:

a) Braten Sie die zerbröckelte Wurst in einer großen Pfanne bei mittlerer Hitze an. Zwiebeln und Knoblauch dazugeben und garen. Äpfel und Birnen unterrühren.

b) Die Orange in Stücke schneiden und mit den restlichen Zutaten in die Pfanne geben. Umrühren, um zu kombinieren, und dann weitere 2 Minuten kochen.

83.   Quinoa-Nuss-Dressing

Ausbeute: 1 Portion

Zutaten

- 1½ Tasse gekochte Quinoa

- 2 Esslöffel Walnüsse oder Pekannüsse

- Fein gehackt

- 2 Esslöffel Haselnüsse

- 2 Esslöffel Pistazien

- 2 Minzblätter, gehackt

- ⅓ Tasse Natives Olivenöl extra

- 3 Esslöffel Zitronensaft

- 1 Teelöffel schwarzer Pfeffer

Richtungen:

a) Alle Zutaten in einer Rührschüssel vermengen und stehen lassen, bis sie als Füllung oder Beilage verwendet werden können.

84.   Quinoa gefüllte Paprika

Ausbeute: 5 Portionen

Zutaten

- 1 Tasse Quinoa, gespült und gekocht

- 4 große oder 6 mittelgroße grüne Paprika

- 1 mittelgroße Zwiebel; gewürfelt

- $\frac{1}{2}$ Pfund frische Pilze; geschnitten

- 2 Esslöffel Butter

- 28 Unzen Dosentomaten

- 2 Knoblauchzehen; zerquetscht

- 12 Unzen Salsa

- 2 Esslöffel trockener Sherry

- 10 Unzen Mozzarella-Käse

Richtungen:

a) Grüne Paprikaschoten dämpfen, bis sie weich, aber nicht schlaff sind; beiseite legen.
b) In einer großen Pfanne Zwiebel und Champignons in Butter anschwitzen. Tomaten, Knoblauchzehen und Salsa hinzufügen. Bei mittlerer Hitze 10 Minuten kochen. Sherry hinzufügen; 10 Minuten weiter köcheln lassen. Quinoa unterheben.
c) Paprika in eine Auflaufform geben; Paprika mit Quinoa-Mischung füllen. Dies dauert etwa die Hälfte der Mischung.

d) Rest mit aufgefangenem Saft verdünnen und um die Paprika gießen. Käse über die Paprika streuen. Backen bei 325 F

85. Quinoa Brokkoli Rabe

Ausbeute: 5 Portionen

Zutaten

- 1 Tasse Quinoa

- 1 Dose (14 1/2 Oz.) Hühnerbrühe

- 2 Esslöffel Natives Olivenöl Extra

- $\frac{1}{2}$ Tasse gehackte Zwiebel

- 1 Teelöffel gehackter Knoblauch

- 1 großer Bund Broccoli Rabe

- $\frac{1}{4}$ Teelöffel Gehackt

- $\frac{1}{4}$ Teelöffel Paprikaflocken

Richtungen:

a) Quinoa unter Rühren in einer beschichteten Pfanne bei mittlerer bis niedriger Hitze 5 Minuten rösten. Brühe und Wasser in einem mittelgroßen Topf zum Kochen bringen; Quinoa unterrühren.

b) Reduzieren Sie die Hitze auf mittel-niedrig; abdecken und 12 bis 15 Minuten köcheln lassen, bis die Flüssigkeit aufgesogen und Quinoa weich ist. Mit einer Gabel auflockern und in eine große Schüssel geben; abdecken und warm halten.

c) Öl in einer großen beschichteten Pfanne bei mittlerer bis hoher Hitze erhitzen. Zwiebel und Knoblauch hinzufügen; 3 Minuten kochen. Broccoli Rabe, Salz und Paprika unterrühren.

Kochen, bis der Brokkoli weich ist, 5 bis 7 Minuten. Gemüse in Quinoa rühren.

86.   Mit Quinoa gefüllter Kürbis

Ausbeute: 1 Portion

Zutaten

- 6 kleine Eichelkürbis

- 6 Tassen Wasser

- 1 Tasse gekochter Wildreis

- 1 Tasse Quinoa, gespült und gekocht

- 2 Teelöffel Pflanzenöl

- 4 Frühlingszwiebeln; gehackt

- ½ Tasse Gehackter Sellerie

- 1 Teelöffel getrockneter Salbei

- ½ Tasse getrocknete Preiselbeeren

- ⅓ Tasse Getrocknete Aprikosen; gehackt

- ⅓ Gehackte Pekannüsse oder Walnüsse

- ½ Tasse frischer Orangensaft; bis 3/4

- Nach Geschmack salzen

Richtungen:

a) Die Kürbishälften mit der Schnittfläche nach unten in eine Auflaufform oder einen Bräter legen. 25 bis 30 Minuten backen, bis sie weich sind.

b) In einer großen, tiefen Pfanne Öl bei mittlerer Hitze erhitzen. Fügen Sie Frühlingszwiebeln, Sellerie und Salbei hinzu. Getrocknete Früchte und Nüsse hinzufügen und unter häufigem Rühren kochen, bis sie durchgewärmt sind. Quinoa und Wildreis mit einer Gabel auflockern und beides in die Pfanne geben.

c) Orangensaft hinzufügen und mischen, bis er durchgewärmt ist. Mit Salz

87.   Mit Quinoa gefüllte Zwiebeln

Ausbeute: 6 Portionen

Zutaten:

- 12 mittelgroße Zwiebeln; geschält

- $\frac{1}{2}$ Tasse Quinoa; gekocht

- 1 Tasse; Wasser

- $\frac{1}{4}$ Teelöffel Meersalz

- 2 Knoblauchzehen; gehackt (opt.)

- $\frac{1}{2}$ Tasse Pilze; geschnitten

- $\frac{1}{2}$ Tasse Sellerie; geschnitten

- 2 EL Mais- oder Olivenöl

- $\frac{1}{2}$ Tasse Kichererbsen; gekocht

- 1 Tasse Walnüsse; geröstet

- 2 Teelöffel Sojasauce

- 2 Teelöffel brauner Reisessig

Richtungen:

a) Das Innere der Zwiebeln mit einem Apfelausstecher aushöhlen, den Boden intakt lassen und das Innere zurückbehalten. Die ausgehöhlten Zwiebeln weich dünsten und dabei $\frac{3}{4}$ Tasse Kochflüssigkeit auffangen.

b) Reservierte Zwiebeln fein hacken. Gehackte Zwiebeln, Knoblauch, Champignons und Sellerie in Öl 15 Minuten oder bis sie weich sind anbraten. Quinoa und Kichererbsen untermischen und erhitzen (ca. 5 Minuten).

c) Zwiebeln mit Quinoa-Mischung füllen. Walnüsse in einer Küchenmaschine zerkleinern und Sojasauce und Essig zu einer cremigen Mischung mischen. Beiseite gestellte Kochflüssigkeit einrühren. Die Mischung in einen Topf geben und unter ständigem Rühren erhitzen. Über die gefüllten Zwiebeln gießen, garnieren und servieren.

88.   Mit Quinoa gefüllte Tomaten

Ausbeute: 4 Portionen

Zutaten:

- 4 Fleischtomaten

- Salz

- 2 Tassen gekochte Quinoa

- 2 Kirby (eingelegte) Gurken;

- ⅓ Tasse Gehackte frische Petersilie

- ⅓ Tasse Gehackte frische Minze

- 2 Frühlingszwiebeln; fein geschnitten

- ¼ Tasse Brühe

- 2 Esslöffel frischer Limettensaft

- Frischer Jalapeño-Pfeffer

Richtungen:

a) Die ausgehöhlten Tomaten innen salzen und kopfüber auf einem Gitter abtropfen lassen. Kombinieren Sie in einer Rührschüssel Quinoa, Gurken, Petersilie, Kräuter und Frühlingszwiebeln. Aus Brühe, Limettensaft, Jalapeño-Pfeffer ein Dressing zubereiten und mit Gemüse und Quinoa mischen. Mit Salz und Pfeffer abschmecken.

b) Tomaten mit dem Salat füllen und jeder Person eine Tomate servieren.

89. Mit Muscheln gefüllte Pilzkappen

Zutaten:

- 1/2 c Butter
- 2 lb. Pilze, 1-1/2" bis 2" im Durchmesser
- 1 c Gehackte Muscheln, mit Flüssigkeit
- 1 Knoblauchzehe, gehackt
- 1/2 c Getrocknete Semmelbrösel
- 1/3 c Petersilie, gehackt
- 3/4 Teelöffel Salz
- 1/4 Teelöffel gemahlener schwarzer Pfeffer
- Zitronensaft

Richtungen:

a) Butter im Topf schmelzen.

b) Pilzstiele entfernen und würfeln. Champignonköpfe in Butter tauchen und mit der abgerundeten Seite nach unten auf ein Backblech legen.

c) Muscheln abtropfen lassen und Flüssigkeit auffangen.

d) In geschmolzener Butter Pilze mit Stiel und Knoblauch anschwitzen. Muschelflüssigkeit hinzufügen und köcheln lassen, bis die Pilzstiele weich sind. Vom Herd nehmen und Semmelbrösel, Petersilie, Salz und Pfeffer einrühren.

e) Die Mischung in die Pilzköpfe geben. Etwa 8 Minuten lang bei etwa 6 Zoll von der Hitze grillen, bis die Pilze weich und die Oberseite leicht gebräunt sind. Mit ein paar Tropfen Zitronensaft beträufeln und heiß servieren.

90.   Gefüllte Champignons mit Curry

PORTIONEN: 5

Zutaten:

- ¼ Tasse Mayonnaise

- 1 Teelöffel Knoblauchpulver

- 1 kleine gelbe Zwiebel, gehackt

- 24 Unzen weiße Pilzkappen

- 1 und ½ Tassen Wasser

- Salz und schwarzer Pfeffer nach Geschmack

- 1 Teelöffel Currypulver

- 4 Unzen Frischkäse, weich

- ¼ Tasse Kokoscreme

- ½ Tasse mexikanischer Käse, gerieben

- 1 Tasse Garnelen, gekocht, geschält, entdarmt und gehackt

Richtungen:

d) Mayonnaise, Knoblauchpulver, Zwiebel, Currypulver, Frischkäse, Sahne, mexikanischer Käse, Garnelen, Salz und Pfeffer in einer Rührschüssel mischen und die Pilze mit der Mischung füllen.

e) Füllen Sie Ihren Instant-Topf zur Hälfte mit Wasser, stellen Sie den Dampfkorb hinein, fügen Sie die Pilze hinzu, decken Sie ihn ab und kochen Sie ihn 14 Minuten lang auf hoher Stufe.

f) Als Vorspeise servieren, indem man Pilze auf einem Teller anrichtet.

91.   Tomaten und Pilze

PORTIONEN: 4

Zutaten:

- 4 Tomaten, Spitzen abgeschnitten und Fruchtfleisch geschöpft

- Salz und schwarzer Pfeffer nach Geschmack

- 1 gelbe Zwiebel, gehackt

- 1 Esslöffel Öl

- 2 Esslöffel Sellerie, gehackt

- $\frac{1}{2}$ Tasse Pilze, gehackt

- 1 Tasse Hüttenkäse

- $\frac{1}{4}$ Teelöffel Kümmel

- 1 EL Petersilie, gehackt

Richtungen:

d) Heizen Sie Ihren Instant-Topf auf Bratmodus vor, fügen Sie dann das Öl hinzu, erhitzen Sie es, fügen Sie dann die Zwiebel und den Sellerie hinzu, rühren Sie um und kochen Sie drei Minuten lang.

e) Tomatenmark, Pilze, Salz, Pfeffer, Käse, Petersilie und Kümmel hineingeben, gut umrühren und weitere 3 Minuten köcheln lassen, bevor die Tomaten gefüllt werden.

f) Fügen Sie in Ihrem Instant-Topf das Wasser, den Dampfkorb und die gefüllten Tomaten hinzu, decken Sie sie ab und kochen Sie sie 4 Minuten lang auf hoher Stufe.

92. Käsekartoffeln

PORTIONEN: 5

Zutaten:

- 5 mittelgroße Kartoffeln

- 2 Tassen Wasser

- 1/4 Tasse Cheddar-Käse; geschreddert

- 1/4 Tasse Mozzarella-Käse; geschreddert

- 1 Teelöffel rote Paprikaflocken

- 1 Teelöffel. Curry Pulver

- 1½ Esslöffel Butter

- Salz und Pfeffer nach Geschmack

Richtungen:

h) Alle Kartoffeln in der Mitte einstechen und oben einen Schlitz schneiden.

i) Käse, Butter, Salz, Pfeffer, Curry und Pfefferflocken zu den Kartoffeln geben.

j) Stellen Sie einen Dampfuntersetzer in den Instant Pot und füllen Sie ihn mit Wasser.

k) Legen Sie die gefüllten Kartoffeln mit der gestochenen Seite nach oben auf den Untersetzer.

l) Schließen Sie den Instant-Topfdeckel und kochen Sie 20 Minuten lang unter hohem Druck.

m) Führen Sie eine natürliche Freisetzung durch und öffnen Sie den Instant-Topfdeckel, wenn der Timer ertönt.

n) Die Kartoffeln in eine Schüssel geben und mit Salz und Pfeffer würzen.

GEFÜLLTE FLEISCHBÄLLCHEN

93.   Mediterrane gefüllte Fleischbällchen

Zutat

- 1 große Aubergine, geschält und gewürfelt

- 4 Tomaten, geschält und gehackt

- 4 EL frische Petersilie

- Salz und Pfeffer

- Knoblauch, Zwiebeln und Paprika

- Thymian und Muskatnuss

- $\frac{1}{2}$ Tasse Hühnerbrühe

- $1\frac{1}{2}$ Pfund Hackfleisch

- 2 Scheiben Brot

- $\frac{1}{3}$ Tasse Parmesankäse

- 1 Ei

- Brokkoli, Blumenkohl, Zucchini

- Spaghetti oder andere Nudeln

Richtungen:

a) Soße zubereiten: Knoblauch in Olivenöl anschwitzen. Zwiebel zugeben und weiter dünsten.

b) Grüne Paprika, Zucchini, Auberginen und Tomaten hinzufügen. Weiter kochen; dann fügen Sie Petersilie, Salz und Pfeffer, Thymian und Hühnerbrühe hinzu.

c) Geschmolzene Butter, Salz und Pfeffer hinzufügen und beiseite stellen.

d) Kugeln formen und ein blanchiertes Gemüse in die Mitte jeder Kugel drücken.

e) Kugeln in Ei und dann in Semmelbrösel tauchen und 6 bis 8 Minuten frittieren, bis sie goldbraun sind.

94. Mit Oliven gefüllte Fleischbällchen

Zutat

- 1 Esslöffel Butter

- 1 Tasse Zwiebel, gehackt

- 2 kleine Knoblauchzehen, gehackt

- 1¼ Pfund Hackfleisch

- ½ Tasse weiche Semmelbrösel

- ½ Tasse Petersilie, fein gehackt

- 1 großes Ei und 1 Tasse Sahne

- 16 kleine Gefüllte grüne Oliven

- ¼ Tasse Erdnussöl

- 3 Esslöffel Mehl

- ½ Tasse trockener Weißwein und 1½ Tasse Hühnerbrühe

- 1 Esslöffel Tomatenmark

- 1 Esslöffel Dijon-Senf

Richtungen:

a) Zwiebel und Knoblauch kochen. Das Fleisch in eine Rührschüssel geben und die gekochte Zwiebel und den Knoblauch, die Semmelbrösel, die Petersilie, das Ei, die

Hälfte der Sahne und die Muskatnuss hinzufügen. Gut
mischen. In 16 gleiche Portionen teilen.

b)   Bällchen zubereiten und dabei die Olive einschließen.

c)   Unter häufigem Wenden kochen, damit sie gleichmäßig
bräunen, etwa 5-10 Minuten.

d)   Das Mehl einrühren und dann den Wein hinzufügen. Cook ca.
1 Minute., Rühren. Fügen Sie die Fleischbällchen hinzu.

e)   Restliche Sahne und Senf in die Sauce pürieren.

95.   Sauerkrautbällchen

Zutat

- 1 mittelgroße Zwiebel, gehackt

- 2 Esslöffel Butter

- 1 Dose Spam (Boden)

- 1 Tasse Hackfleisch

- $\frac{1}{4}$ Teelöffel Knoblauchsalz

- 1 Esslöffel Senf

- 3 Esslöffel gehackte Petersilie

- 2 Tassen Sauerkraut

- $\frac{2}{3}$ Tasse Mehl

- $\frac{1}{2}$ Tasse Rinderbrühe oder Brühwürfel, aufgelöst in 1/2 Tasse Wasser

- 2 Eier, gut geschlagen

- $\frac{1}{2}$ Tasse Semmelbrösel

- $\frac{1}{8}$ Teelöffel Pfeffer

Richtungen:

a) Zwiebeln in Butter anschwitzen, Spam, Corned Beef dazugeben. 5 Minuten kochen und oft umrühren. Fügen Sie

Knoblauchsalz, Senf, Petersilie, Pfeffer, Sauerkraut, ½
Tasse Mehl und Rinderbrühe hinzu. Gut mischen. 10 Minuten
kochen.

b) Zum Abkühlen auf einer Platte verteilen. Zu kleinen Kugeln
formen. In Mehl wälzen, in Eier tauchen und in Bröseln
wälzen. In heißem Fett bei 375 Grad goldbraun frittieren.

96.   Truthahn und Fleischbällchen füllen

Zutat

- ½ Tasse Milch

- 1 Ei

- 1 Tasse Cornbread-Füllmischung

- ¼ Tasse Fein gehackter Sellerie

- 1 Teelöffel trockener Senf

- 1 Pfund Putenhackfleisch

- 16-Unzen-Dose gelierte Cranberry-Sauce

- 1 Esslöffel brauner Zucker

- 1 Esslöffel Worcestershire-Sauce

Richtungen:

a) Backofen auf 375 Grad F erhitzen. In einer großen Schüssel Milch und Ei kombinieren; Gut schlagen.

b) Füllmischung, Sellerie und Senf einrühren; gut vermischen. Truthahn hinzufügen; gut mischen.

c) In 48 (1-Zoll) Kugeln formen. In eine ungefettete 15 x 10 x 1-Zoll-Backform geben.

d) Bei 375 Grad 20 bis 25 Minuten backen oder bis die Fleischbällchen gebräunt und in der Mitte nicht mehr rosa sind.

e) In der Zwischenzeit in einem großen Topf alle Saucenzutaten kombinieren; gut mischen. Bei mittlerer Hitze zum Kochen bringen. Reduzieren Sie die Hitze auf niedrig; 5 Minuten köcheln lassen, gelegentlich umrühren. Fügen Sie Fleischbällchen zur Soße hinzu; vorsichtig umrühren, um zu beschichten.

97. Mit Käse gefüllte Fleischbällchen

Zutat

- 1 Esslöffel Olivenöl

- 2 Esslöffel Zwiebelwürfel

- 8 Unzen mageres Hackfleisch oder Truthahn

- 1 Esslöffel Sojasauce

- ¼ Teelöffel getrockneter Salbei

- 4 Unzen Cheddar oder Schweizer Käse; in 8 Würfel schneiden

Richtungen:

a) Heizen Sie den Ofen auf 325F vor.

b) Eine flache Backform mit etwas Olivenöl oder Pfannenspray einölen.

c) Das Öl in einer Bratpfanne bei mäßiger Hitze erhitzen, bis es heiß ist, aber nicht raucht. Fügen Sie die Zwiebel hinzu und braten Sie sie etwa 10 Minuten lang goldbraun an.

d) Kombinieren Sie Zwiebel, Rindfleisch, Sojasauce und Salbei. Teilen Sie die Mischung in acht Portionen. Nehmen Sie ein Stück Käse und bedecken Sie es mit einer Portion der Mischung, um eine Fleischbällchenform zu bilden. Wiederholen, um insgesamt acht Fleischbällchen zu formen.

e) Legen Sie die Fleischbällchen in die geölte Pfanne und backen Sie sie 30 Minuten lang.

98.   Hühnersalatbällchen

Zutat

- 1 Tasse gehacktes Hähnchen

- 1 Esslöffel gehackte Zwiebel

- 2 Esslöffel Piment; gehackt

- $\frac{1}{2}$ Tasse Mayonnaise

- 1 Tasse gehackte Pekannüsse

Richtungen:

a) Alles zusammen rühren und gut vermischen. 4 Stunden kalt stellen.

b) Zu einer 1-Zoll-Kugel formen.

99.   Italienische gefüllte Fleischbällchen

Zutaten

- 1 1/2 Pfund Hackfleisch (80/20)
- 1 Teelöffel Oregano
- 1/2 Teelöffel italienisches Gewürz
- 2 Teelöffel gehackter Knoblauch
- 1/2 Teelöffel Zwiebelpulver
- 3 Esslöffel Tomatenmark
- 3 Esslöffel Leinsamenmehl
- 2 große Eier
- 1/2 Tasse Oliven, in Scheiben geschnitten
- 1/2 Tasse Mozzarella-Käse
- 1 Teelöffel Worcestershire-Sauce erreicht.
- Salz und Pfeffer nach Geschmack

Richtungen

a) Geben Sie in einer großen Rührschüssel Ihr Hackfleisch, Oregano, italienische Gewürze sowie Knoblauch- und Zwiebelpulver hinzu. Mit den Händen gut vermischen

b) Fügen Sie Ihre Eier, Tomatenmark, Leinsamen und Worcestershire zum Fleisch hinzu und mischen Sie es erneut.

c) Schneiden Sie zum Schluss Ihre Oliven in kleine Stücke und fügen Sie diese zusammen mit dem geriebenen Mozzarella-Käse zu Ihrem Fleisch hinzu. Mischen Sie alles gut zusammen.

d) Heizen Sie Ihren Ofen auf 400F vor und beginnen Sie dann, die Fleischbällchen zu formen. Sie erhalten insgesamt etwa 20 Fleischbällchen. Legen Sie diese auf ein mit Folie bedecktes Backblech

e) Backen Sie die Fleischbällchen für 16-20 Minuten oder bis sie fertig sind

f) Mit einem einfachen Spinatsalat darunter servieren und mit überschüssigem Fett vom Backblech beträufeln.

100.   Flauschige Akara-Bälle

Zutaten

- 2 Tassen Black Eyed Peas oder Honigbohnen (gereinigt, geschält und 1-2 Stunden eingeweicht)
- 1 Habanero-Pfeffer
- 1 große Zwiebel (zerkleinert zum Mischen)
- Salz oder Bouillonpulver nach Geschmack.
- 3/4 Tasse Wasser
- 3 Tassen Speiseöl (zum Frittieren)

Richtungen

a) Die eingeweichten Bohnen in den Mixer geben, Zwiebel, Paprika und 3/4 Tasse Wasser hinzufügen. Glatt mixen. Übertragen Sie den Teig in eine Schüssel eines Standmixers mit angeschlossenem Schneebesen.

b) Fügen Sie Salz hinzu und schlagen Sie den Teig etwa 6 Minuten lang, um Luft in die Mischung einzuarbeiten.

c) Während Sie den Teig schlagen, erhitzen Sie das Öl zum Braten.

d) Wenn das Öl heiß ist, schöpfen Sie den Teig mit der Hand in das Öl und achten Sie darauf, dass Ihre Finger das heiße Öl nicht berühren.

e) Braten bis sie goldbraun sind. Denken Sie daran, das Akara auf die andere Seite zu drehen, damit die Akara-Kugeln gleichmäßig braun werden.

f) In einen mit Küchenpapier ausgelegten Frittierkorb geben, um überschüssiges Öl aufzusaugen.

FAZIT

Eines der schmackhaftesten und einfachsten Dinge, die Sie mit einem Essen machen können, ist es, es mit einem anderen, ebenso – oder köstlicheren – Essen zu „stopfen". Ob die Füllung Fleisch, Käse, Gemüse oder etwas ganz anderes wie Getreide und Farro enthält, Sie können nichts falsch machen, wenn Sie ein Lebensmittel in ein anderes füllen. Von gefülltem Hähnchen und gefüllter Paprika bis hin zu mit Kürbisrisotto gefülltem Eichelkürbis bietet dieses Kochbuch alles.

Die Kunst des Füllens sollte nicht nur den Feiertagen vorbehalten sein. Diese kreativen Rezepte zeigen Ihnen, wie Sie verschiedene Zutaten und Texturen zu einem köstlichen Gericht kombinieren können!

CPSIA information can be obtained
at www.ICGtesting.com
Printed in the USA
LVHW081757160322
713569LV00003B/43